Zürich zurückgeblättert

© Verlag Neue Zürcher Zeitung, Zürich, 1979
5. Auflage 2001
ISBN 3 85823 917 8

Walter Baumann
Alfred Cattani
Hugo Loetscher
Ernst Scheidegger

ZÜRICH

zurückgeblättert 1870–1914
Werden und Wandel einer Stadt

Verlag
Neue Zürcher Zeitung

Links:
Aussichtsterrasse des Grand Hotel Dolder. 1897 eröffnet, gilt der Komplex als das bedeutendste Werk des Holzbauarchitekten Jacques Gros. Der Dolder entwickelte sich zu einem Erholungszentrum mit Schwimmbad, Eisbahn, Golfanlagen und eigener Bergbahn.

Unten:
Seegfrörni im Januar 1891. In den achtziger und neunziger Jahren herrschte in Zürich die „kleine Eiszeit". Der See gefror 1880, 1891 und 1895.

Rechts:
An der Stüssihofstatt um 1890. Zahlreiche Händler, Handwerker und kleine Restaurants hatten hier Quartier. Im Zentrum der mittelalterliche Stüssibrunnen, im Hintergrund die „Schmiden", Zürichs ältestes Zunfthaus.

Links:
Zur Bewältigung des immensen Verkehrs wurde ein Teil der Zürcher Polizeikorps mit Fahrrädern ausgerüstet. Voraussetzung war eine harte Fahrprüfung, die auch die Wartung des Fahrzeuges beinhaltete. Aufnahme vor der Hauptwache.

Links unten:
Hotelportiers mit ihren Autos zum Empfang der Gäste vor dem Hauptbahnhof. Die Chauffeure hatten aus Konkurrenzgründen nicht das Recht, die Bahnhofhalle zu betreten. Dort arbeiteten die mit ihnen heimlich liierten Gepäckträger, die an jedem zugebrachten Gast eine Zigarre verdienten.

Linke Seite:
Das Haus „zur Trülle", 1897 in prunkvollem Neorenaissance-Jugendstil erbaut, war lange Zeit der Stolz der mittleren Bahnhofstrasse. Mieter waren im Parterre das Zigarrenhaus Dürr, darüber das Oesterreichische Generalkonsulat, das als k.k. Spionagezentrale diente und im Ersten Weltkrieg von Italien geknackt wurde. Am Horizont die Kuppel der 1907 eröffneten Sternwarte „Urania".

Oben links:
Paradeplatz um 1908. Das Sprünglihaus entstand 1857–59, als man glaubte, der neue Bahnhof komme an die Stelle der heutigen Kreditanstalt zu stehen. Es war das erste Geschäftshaus Zürichs mit grossen Parterreräumen und entsprechenden Schaufenstern. 1859 zog David Sprüngli mit seinem Süsswarengeschäft von der Marktgasse an den Neumarkt um, der erst seit 1863 Paradeplatz heisst.

Unten links:
Das Grand Café Odeon wurde am 1. Juli 1911 eröffnet. Die vergessenen Toiletten wurden noch in den letzten Tagen installiert. Der Spottname „Café Schwartenmagen" bezog sich auf die Maserung des Marmors. Im Ersten Weltkrieg wurde es zum Treffpunkt der Literaten, Schauspieler und Intellektuellen aus dem In- und Ausland.

Oben rechts:
Grand Café Apollo, Spiegelgasse 19, abgebrochen 1937 im Zuge der Auskernung an der Leuengasse. Im einstigen Restaurant Weisshaar nahm Gottfried Keller einen Schoppen, wenn er unbeobachtet sein wollte. Der Wirt August Weisshaar starb 1886. Aufnahme 1902.

Unten rechts:
Hochzeitsessen im April 1908 im Restaurant „Weisser Wind". Unser Bild zeigt das Vereinslokal des Turnvereins Alte Section. Der obligate Schnauz der Männer zeichnete sie als Rechtsliberale aus, während politisch Linke gerne einen Vollbart à la Karl Marx trugen.

Unten:
Eingangsschmuck des Rennwegs zum Eidgenössischen Turnfest 1903. Seit der Erweiterung der Quaianlagen galt Zürich als die schönste Stadt der Schweiz. Bald fanden so viele „Eidgenössische" in Zürich statt, dass sich der Stadtrat öffentlich dagegen wehrte; die Belastung der Bürger, Geschäftsleute und der Stadtkasse sei nicht mehr zu verantworten.

Rechts:
1904 wurde die Verbrennung des Sechseläuten-Bööggs vom Bürkliplatz auf den alten Tonhalleplatz verlegt, der seit 1947 Sechseläutenplatz heisst. Aufnahme um 1907.

Inhalt

Seite

5 Hugo Loetscher, Zürich als Bauplatz

13 Bildteil I

131 Alfred Cattani, Zwischen Bürgertum und Sozialdemokratie

145 Bildteil II

169 Walter Baumann, zusätzliche Texte und ausführliche Beschreibung der Bilder

170 Prunkbauten am Bahnhofplatz
170 Grossstadtatmosphäre am Bahnhofplatz
171 Beidseits des Bahnhofs
171 Verschwundene Jahrhunderte am Bahnhofquai
172 Am Central
173 Oberer Mühlesteg, Uraniabrücke, Rudolf Brun-Brücke
173 Vom Ötenbachhügel zum Werdmühleplatz
174 Am heutigen Werdmühleplatz
174 Gemüsebrücke und Marktgasse um 1895
175 Zwischen dem See und dem alten Stadtzentrum
175 Zerstörte Bausubstanz
176 Der verschwundene «Kratz»
177 Maifahrt der Zürcher Studenten um 1877
177 Zwischen Bellevue und Bürkliplatz
178 Am Bellevue der Jahrhundertwende
180 «Fahr hin du altes Nest...» (Rämistrasse)
180 Am «Pfauen»
181 Rund ums Stadttheater
181 Zürichs Seepromenade: das Utoquai
181 Am Alpenquai
182 Abschied vom Fröschengraben
182 Die obere Bahnhofstrasse
184 Am Paradeplatz
184 Rund um Zürichs neues Geschäftszentrum
186 An der mittleren Bahnhofstrasse
186 Ein unwiederbringliches Bauwerk (Rennwegbollwerk)
186 Am Ötenbach
187 Das Bahnhofquartier
187 Am Löwenplatz
187 Vorstadtatmosphäre zwischen dem Fröschen- und dem Schanzengraben
188 Zwischen Zürich und Aussersihl
188 Zwischen Limmatquai und Hirschengraben
189 Die Stüssihofstatt im Frühling 1885
189 Am Hirschengraben
190 Rund um die Predigerkirche
190 Bei der Neumühle
191 Unterstrass
192 Oberstrass
192 Wipkingen
193 Höngg
193 Industriequartier
194 Aussersihl
195 Wiedikon
196 Albisrieden
197 Altstetten
197 Hottingen
198 Fluntern
199 Hirslanden
199 Witikon
199 Riesbach
200 Enge
201 Wollishofen
202 Leimbach
202 Oerlikon
202 Seebach
202 Schwamendingen
203 Affoltern
203 Draussen vor der Stadt: der Bau des neuen Bahnhofs
204 Baugruben am Schanzengraben und am Lindenhof
205 Die Errungenschaften der Technik
205 Mit Dampf- und Pferdekraft
206 «Und neues Leben blüht aus den Ruinen...»
206 Freuden- und Trauertage
207 Zürich macht sich um das Vaterland verdient
208 Kunst und Tradition
209 Turner contra Sportler
209 Pflege des Schönen und der Geselligkeit
210 Fliegen – die dritte Dimension
211 «Seegfrörni!»
211 Wenig Platz für Badefreuden
211 Die ersten Automobile wirbeln Staub auf
212 Kauf und Lauf
213 Bewegte Tage
213 Weltkrieg 1914–18
215 Register

Hugo Loetscher Zürich als Bauplatz

Wäre jemand aus dem heutigen Zürich in das Zürich der 1870er Jahre gekommen, er hätte sich gleich daheim gefühlt.

Jedenfalls stand einer der prächtigsten Bahnhöfe Europas zum Empfang bereit. Der Kopfbahnhof mit seinen sechs Geleisehallen war vor kurzem eingeweiht worden.

Hätte sich unser Besucher der Bahnhofstrasse zugewandt, er wäre recht bald auf Baustellen gestossen. Von der heutigen Bahnhofstrasse war erst das Mittelstück zwischen Rennweg und Paradeplatz fertig. Das obere Teilstück gegen den See sowie das untere gegen den Bahnhof waren noch in Planung und Umbau. Spätestens beim Paradeplatz aber hätte unser Besucher eine imposante Baugrube vorgefunden, nämlich diejenige der Kreditanstalt, und weiter seewärts war man daran, den Centralhof zu bauen, einen ganzen Gebäudekomplex.

Angesichts solcher und vieler anderer Baustellen hätte sich jemand aus dem heutigen Zürich damals zu Hause fühlen müssen.

Schon der Bahnhofplatz selber hätte sich bald als Bauplatz anbieten können. Dort entstanden die Hotels Habis und National. Aber nicht nur hier hätte man Zeuge von Baufreude sein dürfen:

Hätte sich unser Besucher vom Bahnhof aus nach links gehalten und wäre er über die noch junge Bahnhofbrücke zur Altstadt gebummelt, er hätte jede Chance gehabt, dabei zu sein, wie der Ketzerturm, einer der letzten Wehrbauten, abgerissen wurde, und beim Predigerplatz hätte er dem Bauen von Wohnhäusern zuschauen können.

Hätte er sich aber lieber nach rechts gewandt, mehr zur Sihl hin, hätte ihm bald der Bauplatz für die Kaserne ins Auge gestochen. Von da wäre es nicht weit gewesen bis zum Botanischen Garten, wo eben der Glaspavillon entstand und von wo in Aussersihl die Baugerüste der St. Peter- und Pauls-Kirche zu sehen waren.

Sicherlich, das war nur eine Auswahl von Baustellen, aber immerhin. Immerhin ein eindeutiges Zeichen dafür, dass er in eine Stadt gekommen war, die etwas mit sich vorhatte.

Hätte unser Besucher allerdings einen zeitgenössischen «guide» zur Hand genommen, hätte er darin nicht viel von Baulärm gelesen: Schon die Pfahlbauer fanden die Gegend schön. Die Lage der Hauptstadt des «altschweizerischen Kantons» war lieblich, malerisch schmiegte sich die Stadt in die Landschaft. Die Wohnhäuser am See waren stattlich, die Rebhügel sonnig, die Kornfelder fruchtbar, und die Arbeiter waren fleissig.

Aber selbst der Heimatkunde entging nicht, was sich an Neuem tat. Der Lehrer jedenfalls, der für die «Heimatskunde Zürich und Umgebung» (1883) im Auftrag des Lehrervereins einen pädagogischen Spaziergang durch die moderne Stadt machte, erinnert sich genau, wie vor kaum zwei Jahrzehnten an der Bahnhofstrasse «in des Wassers oder vielmehr Schlammes tief unterstem Grund Wassermolche schwammen und krabbelten und Frösche quakten». Indessen aber ging er über «makadamisierte, das ist von Cement- und Asphaltguss belegte Trottoirs», vorbei «an Palastreihen», und als er an die Stelle kam, wo der Rennweg von der Bahnhofstrasse abzweigte, fiel ihm ein Schiller-Wort ein: Neues Leben blüht aus den Ruinen.

Es waren Bauruinen, die er antraf. Es waren nicht die einzigen, und es sollten für lange Zeit nicht die letzten sein. Denn noch stand bevor, dass das Kratzquartier zwischen Paradeplatz, Limmat und See dem Erdboden gleichgemacht wurde, womit die Gartenwirtschaft auf dem Kratzhügel und der Kratzturm selber, ein Wahrzeichen Zürichs, verschwanden. Eine der eindrücklichsten Bauruinen hätte ohne Zweifel das alte Stadthaus mit seinen Treppengiebeln abgegeben und die daran gebaute Bauhütte. Aber nicht nur Gebäude erblühten aus den Ruinen, sondern ganze Quaianlagen.

Es war eine Zeit, da sich Expertisen, Kommissionsberichte, Vorschläge für Gesamtüberbauung und Ausschreibungen drängten. Es gab auch all jene Pläne, die nie ausgeführt wurden und die es eines Tages ermöglichten, von einem «imaginären» Zürich zu reden, von einem Zürich, das nur ausgedacht und entworfen, aber nie verwirklicht worden war:

Ein Zürich, dessen Lindenhofhügel beinahe abgetragen worden wäre und das seinen Bahnhof in Aussersihl gehabt hätte, das auf der Gemüsebrücke zu einer Gemüsehalle gekommen wäre und das auf dem Bürkliplatz einen Kulturpalast oder doch mindestens ein Kunsthaus gezeigt und das sich rechts und links des Limmatabflusses am See zwei Leuchttürme zugelegt hätte.

Es gab zudem nicht nur die geplanten Ruinen. Als die alte Kaserne hinter dem Paradeplatz abbrannte, wurde Raum frei für Neues. Als das Predigerspital ein Raub der Flammen wurde und als das Aktientheater niederbrannte, waren es Grossfeuer, welche das Ihre zur urbanistischen Veränderung beitrugen.

Wenn unserem pädagogischen Mentor aber angesichts von Bauruinen ein Klassikerzitat einfiel, lag das durchaus im Bildungsstil der Zeit. Wie sollte sich nicht ein grosses Wort einstellen, wo Grosses und Wuchtiges sich offenbarte:

Von der Hauptfassade des Bahnhofes blickte nicht nur Helvetia herunter. Da war auch eine Frauensperson zu sehen, ausgestattet mit Kugel, Blitz und Eisenbahn, da sie das Eisenbahn- und das Telegrafenwesen verkörperte, und neben ihr ein anderes Weibsbild mit Ruder und Schiffsbug, welches den Verkehr auf dem Wasser repräsentierte. Und auch von der Fassade der neuen Kreditanstalt sahen bedeutungsträchtige Figuren herunter: nicht nur die Genien für Gewerbe, Gewerbefleiss und gar Kunstgewerbe. Da gab es eine Frau mit Hammer und Maschinenrädchen, sie symbolisierte die Industrie, und nicht minder mollig eine andere Frau mit einem Füllhorn, das auf die Landwirtschaft hinwies. Merkur, der Gott des

Handels und der Diebe, der auf der alten Kantonalbank noch ein Mann gewesen war, hatte sich inzwischen in eine Frauensperson verwandelt, die sich auf einen Schlangenstab stützte – im Reich der Allegorien machten sich die Frauen breit.

Solche Figuren passten vorzüglich zu Bauten mit Triumphbogen, Portalen, Friesen und Säulen. Man baute in klassischer Gläubigkeit. Manchmal in italienischer und manchmal mehr in französischer Manier. Ganz abgesehen davon, dass alles Venezianische und Florentinische an alte Handelshäuser erinnerte. Da war eine Palladioreminiszenz für das Bankhaus Bär nur richtig; das fügte sich stilsicher zu Bauten wie der Hauptwache, die ein Säulenportal aufwies, und zum Hotel Baur en Ville, das seine teuren Gäste hinter griechischen Kolonnaden empfing. Auch wenn man einen Bahnhof und Banken baute – die Assoziation an Tempel und heilige Hallen war nicht grundlos.

Es gab schliesslich so etwas wie eine «Zürcher Renaissance». Jacob Burckhardt, Professor für Kunstgeschichte an dem jungen und «vortrefflichen» Polytechnikum, hatte dafür ästhetisch-theoretische Grundlagen gelegt. Und der Architekt Gottfried Semper, der das Polytechnikum baute, hatte überzeugt, wie sehr solche Baukunst Zürich anstand. Nicht dass man sich in der Folge ausschliesslich diesem Baustil verpflichtet gefühlt hätte, es gab auch stilistisch ein «laisser faire»:

Man hatte die Kaserne mit ihren Quaderungen und dem Zinnenkranz als Burg errichtet. So konnte man später auch das Landesmuseum als Schlossanlage konzipieren, wobei sich der Schlösslistil ebenso für eine Bierbrauerei eignete wie für die Nobelresidenzen des Weissen und des Roten Schlosses am Quai.

Und wenn einst der Längshalle der Augustinerkirche die Neugotik bekam, konnte die auch der Freimaurerloge dienlich sein.

Man hatte das Gabler-Schulhaus, diese «Musterschule», in Renaissance gebaut, was einen nicht zu hindern brauchte, sich beim Hirschengraben-Schulhaus für den Tudorstil zu entscheiden, der sich für die Grossmünsterkapelle bewährt hatte.

Und als man die Liebfrauenkirche baute, ergab das eine Gelegenheit für die historisierende Bauweise, wobei man sich für diesmal an die frühchristliche Basilika hielt.

Man war auch in dem Sinne offen, dass man haben mochte, was andere besassen. Da Paris ein Trocadero hatte, wünschte man eine Tonhalle mit Pavillon und Wintergarten im Trocadero-Stil. Und als man sich nach einem neuen Theater umsah, konnte man auf ein Projekt greifen, das zwar für Krakau ausgedacht war, aber das nach einigen Änderungen sich nicht schlecht am Zürichsee ausnahm.

Denn bei aller Seriosität besass man Sinn für Extravaganzen der Zeit. Die Fleischhalle war unter ein byzantinisches Dach gekommen. Und exotisch war auch das Alhambra-Gefühl, die maurische Mode. Nicht nur für Innenausstattungen wie für den Festsaal im Hotel National, der den gesellschaftlichen Anlässen zu einer weltläufigen Note verhalf. Auch die Synagoge wurde durch maurisches Farbspiel bestimmt, und die Badeanstalt am Utoquai verriet die gleiche maurische Vorliebe. Und wenn eine Drahtseilbahn den Zürichberg hinaufführte, war der Holzhausstil für eine Endstation mit seinem alpinen Hinweis gegeben. Bei so viel Möglichkeiten war es nur logisch, dass man Gebäude baute wie das, in welchem sich bis vor kurzem die Rämipost befand, das paritätisch-synkretisch soviel Stile wie nur möglich gleichzeitig zeigt.

Aber dennoch, es blieb bei einer Vorliebe für die Renaissance. Als 1898 der Industrielle Henneberg am Seequai ein Palais baute, als würde ein Seiden-Condottiere einziehen, war das bewusste Renaissance; ebenso wurde die Fraumünsterpost in eine schwere Renaissancefassade eingekleidet. Es war das gleiche Jahr, in welchem man den schönsten Renaissancebau aus dem siebzehnten Jahrhundert abriss, das Kaufhaus an der Limmat, das als Stapelmagazin gedient hatte. Man befand sich in der Gründerzeit, man konnte sich eine eigene Renaissance leisten, und zwar nicht eine alte, sondern eine neue.

Hätte jemand aus dem heutigen Zürich in das damalige der siebziger Jahre gefunden, er wäre eben mitten in die «grosse Bauperiode» gekommen.

Dieser Periode war eine andere Bautätigkeit vorangegangen, die das Gesicht der Stadt bereits wesentlich verändert hatte. Der wichtigste Eingriff war das Schleifen der alten Befestigungswerke gewesen. Nachdem die Kasematten, Wehrtürme und Mauern abgerissen waren, wurde Bauplatz gewonnen, welcher dem Kanton gehörte. So konnte er darauf einen ganzen Kranz von Gebäuden erstellen wie die Kantonsschule und das Kantonsspital und links der Limmat den Botanischen Garten anlegen.

Die Schleifung war nicht so sehr ein urbanistischer, sondern ein politischer Entscheid. Eine befestigte Stadt musste mit ihrem «Defensivcharakter» für das Land und die Landschaft eine Provokation darstellen. Da es aber mit der Vorherrschaft der Stadt vorbei war und 1830 in einer ersten demokratischen Abstimmung die Gleichberechtigung von Stadt und Land beschlossen worden war, hatten die Befestigungswerke als «politische Mauern» zu fallen. Das war die erste Öffnung der Stadt nach aussen. Damit wurde ein Prozess eingeleitet, der dann 1893 seinen ersten Abschluss fand, als die Stadt sich mit «Aussengemeinden» zusammenschloss.

Am Anfang der «grossen Bauperioden» hatten Arbeiten gestanden, die nicht so sehr ins Auge gingen, welche aber für die weitere Bautätigkeit die entscheidenden Voraussetzungen schufen. Man war an die «Kloaken-Reformation» gegangen, so dass die Stadt zu einer Abwässerkanalisation kam und immer mehr Häuser direkten Wasseranschluss besassen. Solche Sanierungsmassnahmen leuchteten um so mehr ein, als Zürich 1867 eine Choleraepidemie erlebte. Die Stadt hatte den neuen Posten eines Stadtingenieurs geschaffen. Der Name von Arnold Bürkli sollte für immer mit den Quaianlagen am See verbunden bleiben.

Man durfte mit Recht von einer «grossen Bauperiode» reden, nicht nur weil Repräsentatives errichtet wurde, welches das Gesicht der Stadt bis heute prägt, weil neue Brücken gebaut und eine Ringstrasse geplant wurde, weil ganze Quartiere umgeändert wurden und neue überhaupt erst entstanden – die grosse Bauperiode war gross, weil die Stadt zu einem neuen Zentrum kam. Mit dem Bau der Bahnhofstrasse wurde aus der «kleinen Stadt» links der Limmat, der «minderen Stadt», die «grosse Stadt», die City, wie sie einmal heissen sollte, und gleichzeitig kam Zürich zu dem, was man fortan die «Altstadt» nannte.

Mit der Bahnhofstrasse richtete sich die Stadt auf den See aus. Bis anhin hatte Zürich mehr an einem Fluss als am See gelegen. Es war ein Limmat-Athen und nicht ein Zürichsee-Athen. Nach wie vor war der Schiffsbetrieb an der Schifflände rege, man hatte am Bellevue einen neuen Hafen bauen lassen. Im Fluss selber befanden sich noch immer Papierfabriken, Mühlen, Magazine und Werkstätten. Das erste bedeutende Industrieunternehmen, Escher & Wyss, lag direkt gegenüber dem Bahnhof an der Limmat. Und auch die öffentlichen Waschanstalten in der Limmat wurden noch lange benutzt.

Zwar hatte der Limmatraum mit dem Ausbau des Limmatquais eine städtebauliche Aufwertung erfahren, aber die Entthronung der Limmat als Nutzungs- und somit als Lebensraum war nicht mehr aufzuhalten. Die Wasserkraft wurde durch neue Energien ersetzt, womit für industrielle Betriebe andere Standorte als im und am Wasser möglich wurden. Der Personen- und Warenverkehr mit den Seegemeinden blieb nicht mehr ausschliesslich dem Wasserweg vorbehalten. Dank der Seeregulierung war die Limmat mit ihrem Wasserstand kontrollierbar geworden. Die Limmat, an welcher die Stadt einst gebaut worden war, wurde zu einem Fluss, der zwar nach wie vor durch Zürich, aber immer unbeteiligter an der Stadt vorbeifloss.

Die Verlagerung des Schwergewichts hatte mit dem Bau der Bahnhofstrasse begonnen. Als der Photograph Ganz dort sein Geschäft eröffnete, galt dies als ziemlich verrückt. Doch verschwanden die Wohnhäuser nach und nach und wurden durch Geschäftsbauten ersetzt. Man stellte eines Tages zum Abschluss auch Warenhäuser hin, die heiligen Hallen der damaligen Konsumgesellschaft.

Zürich war zu einem neuen Herzen gekommen, zu einer City, und die Augen dieses Herzens waren Geschäftsauslagen.

Wenn Zürichs Herz- und Renommierstrasse «Bahnhofstrasse» hiess, hatte dies zunächst lokalgeographische Gründe: die Strasse führte vom Bahnhof zu den Quaianlagen. Aber nach einem Bahnhof zu heissen bedeutete viel mehr:

Sicherlich waren in diesem Bahnhof Schalterhallen, Wartesäle, Restaurants und vielbewunderte Toiletten untergebracht; es wurden Züge abgefertigt, und zwar immer mehr, so dass sich der Bahnhof bald als zu klein erwies. Aber der Bahnhof war mehr als nur ein Zweckgebäude. Der Bahnhof war ein säkulares Statussymbol. Wenn andere Jahrhunderte Dome bauten, baute das neunzehnte Jahrhundert Bahnhöfe.

Der Bahnhof stand für die modernen Zeiten. Vom Lebensgefühl her war er mit der Vorstellung von Geschwindigkeit und rascher Veränderung verbunden. Die Welt wurde kleiner, und damit wurden auch neue Märkte erschlossen. Die Eisenbahn war geleise-gewordene Kommunikation, ein weit herum sichtbarer und hörbarer Triumph der Maschine.

Es gab zu jener Zeit ja einen ganz anderen Bauplatz für die Eisenbahn, den Gottharddurchstich. Diese Verbindung von Nord und Süd ging weit über das national-schweizerische Interesse hinaus und war von europäischer Bedeutung; wenn der Glaube einst Berge versetzt hatte, durchbohrte nun die Technik diese Berge. Der Gottharddurchstich war ein Unternehmen, auf das eine Epoche stolz sein wollte, die bereit war, sich als «Eisenbahn-Zeitalter» zu verstehen.

Mit der Eisenbahn erwiesen sich Wissenschaft und Technik nicht nur als nützlich, sondern auch als gewinnbringend. Dafür war allerdings grosses Kapital nötig. So entstanden die ersten Aktiengesellschaften. Dank der Eisenbahnen wurde nicht nur die Maschinenindustrie angekurbelt, sondern auch der Kohle- und der Eisenbau erlebten ihren Aufschwung.

Welche Querverbindung zwischen Politik und Finanz dabei möglich war, fand in Zürich auf geradezu singuläre Weise personellen Ausdruck: in der Figur von Alfred Escher. Ein Mann, der aus einer der reichsten Familien stammt, wurde einer der einflussreichsten Politiker. Ein brillanter Jurist, der die damalige liberale Politik prägte. Ein Unternehmer, der mit Erfolg für den privaten Eisenbahnbau eintrat. Ein Zürcher Politiker, der für Zürich das Polytechnikum erkämpfte. Zeitweilig war Escher Regierungspräsident des Kantons Zürich, Präsident der Kreditanstalt und der schweizerischen «Nordostbahnen», zudem war er Präsident der Gotthardbahn-Gesellschaft, auch wenn er vorzeitig wegen Kreditüberschreitungen zurücktreten musste.

Escher war der Kopf eines ganzen Systems. Als ihm 1889, sechs Jahre nach seinem Tod, ein Denkmal gesetzt wurde, fürchtete man Demonstrationen der Arbeiterschaft; es blieb beim verbalen Protest. Jedenfalls hätte man keinen symbolträchtigeren Ort für das Standbild wählen können: direkt vor der Bahnhoffassade schaut er mit ehernem Blick auf die Bahnhofstrasse.

Aber es wurde auch im Rücken des Bahnhofs gebaut; dieser besass nur auf die eine Seite hin eine Prachtfassade.

Geographisch lag im Rücken dieses Bahnhofs zum Beispiel «Aussersihl», das Gebiet «jenseits der Sihl». Dort entstand ein «Industrie-Quartier», und dort wuchsen Arbeiterviertel heran.

Vor der Stadt und um sie herum entwickelte sich die Industrie. In Oerlikon zum Beispiel wurde die Maschinenfabrik gegründet. In Riesbach am See hatte sich schon lange mit Webereien und Spinnereien und später mit Färbereien Industrie konzentriert; auch dort formierten sich Arbeitersiedlungen.

Zürich war während der «grossen Bauperiode» nicht nur architektonisch und urbanistisch ein Bauplatz, sondern auch soziologisch. Die Herausbildung eines Geschäftszentrums, die zunehmende Trennung von Arbeits- und Wohnplatz war die städtebauliche Konsequenz einer gesellschaftlichen Umstrukturierung.

In der Stadt selber hatte schon seit langem eine Verschiebung stattgefunden. Die Anzahl der «Bürger», das heisst derjenigen, welche das Stadtbürgerrecht besassen und auch in der Stadt wohnten, war immer kleiner geworden. Parallel zur Entthronung der Stadt waren die alten Vorrechte der Stadtbürger beschnitten worden. Es waren die Liberalen, welche mit ihrer Verfassung von 1831 die ersten demokratischen Grundlagen gelegt hatten.

Die Verschiebung zeigte auch insofern Folgen, als sich unter den Zuzügern in vermehrtem Masse Katholiken befanden. Dem wurde eines Tages Rechnung getragen, indem in der Reformationsstadt wieder katholische Kirchen gebaut und die Friedhöfe nicht mehr konfessionell getrennt wurden. Es begann jener Prozess, der dazu führte, dass Zürich, die Stadt Zwinglis, eines Tages die grösste katholische Gemeinde der Schweiz beherbergen sollte.

Die entscheidende soziale Umschichtung aber ergab sich mit der industriellen Entwicklung und der Machtentfaltung des Kapitalismus. Neben der Klasse der Bourgeoisie bildete sich die der Arbeiter heran. Diese lebten zwar vorläufig noch fast alle ausserhalb der Stadt.

Als 1893 die Eingemeindung vollzogen wurde, das heisst der Zusammenschluss der Stadt mit den Aussengemeinden, wurde unter anderem das bevölkerungsreiche Aussersihl, wo vornehmlich Arbeiter wohnten, in die Stadt einbezogen. Damit kam Zürich nicht nur «zur äusseren Grösse, die es schon längst im Geistigen beanspruchte», sondern die Stadt wurde soziologisch komplett. Zürich wurde eine moderne Stadt, auch was die soziale Schichtung betraf.

In diesen Jahrzehnten erinnerte es sich seiner handwerklichen Vergangenheit. Schon lange hatten einzelne Zünfte Umzüge veranstaltet, und Buben pflegten im Frühling mit dem Böögg, dem Symbol für den Winter, durch die Strassen zu ziehen. Daraus entwickelte sich das Sechseläuten, das klassische Fest der Zürcher, bei welchem der Winter-Böögg verbrannt wird.

In Kostümen liess die Stadt, die eben die ersten Erfahrungen mit der Industriegesellschaft machte, das gewerbliche Zürich der Handwerker und Kaufleute wiedererstehen. Zwar zählten die meisten der Beteiligten nur noch der Verkleidung nach zu den jeweiligen Innungen, und die späteren Zünfte taten sich nicht mehr nach Berufsgruppen, sondern nach Quartieren zusammen. Die Handwerker, die hier defilierten, erinnerten daran, dass ihre Vorfahren sich einst gegen die Obrigkeit erhoben hatten, inzwischen aber hatte sich eine neue Obrigkeit etabliert.

Denn zu gleicher Zeit erlebte Zürich ganz andere Umzüge. Die Arbeiterschaft trug ihre Forderungen auf Transparenten und in Sprechchören auf die Strasse: kürzere Arbeitszeit, Ferien- und Krankengeld, vermehrtes politisches Mitspracherecht. Vorübergehend waren «Umzüge mit roten Fahnen» verboten worden. Man konnte zwar solche Aufmärsche verhindern, aber damit war die soziale Realität nicht aus der Welt geschafft. Noch bevor der 1. August zum offiziellen Feiertag erklärt wurde, feierten die Arbeiter ihren 1. Mai.

Zürich hatte sich selber aus einer Kleinstadtidylle aufgescheucht, es begegnete diesem Schock auch damit, indem es seine Erinnerungen kostümierte. Aber es war in seiner Entwicklung bereits zu weit gegangen, als dass es der Problematik noch hätte ausweichen können, die sich mit dieser neuen Industriegesellschaft einstellte.

Der Rückgriff auf Vergangenheit und die gleichzeitige Öffnung nach vorn bestimmte eine zürcherische Dialektik: auch als Grossstadt sollte Zürich stets idyllische Züge bewahren. Das hatte nicht nur mit Beharrungsvermögen zu tun, sondern auch mit einem hoch entwickelten Sinn für «understatement». Wenn die Stadt eines Tages zu einem erstrangigen Finanzplatz werden sollte, tat sie das mit einer fast verschämten Diskretion, welche das Geld zwar spüren, aber nie augenfällig werden lässt.

Mentalitätsmässig dominierte in dieser Umbruchzeit ein ungebrochener Glaube an den Fortschritt, wie die Epoche es verlangte, auch wenn man sich unter diesem Fortschritt recht Verschiedenes vorstellen konnte.

Jedenfalls war es nicht von ungefähr, dass Zürich die erste repräsentative Landesausstellung durchführte, eine nationale Schau von all dem, was im Augenblick an Industrie, Gewerbe, Kunstgewerbe und Bildenden Künsten in diesem Land möglich war. Eine Leistungsschau, bei der Zürich nicht nur die Schweiz, sondern auch sich selber zeigte: eine Stadt, die zur Metropole einer Wirtschaftsregion heranwuchs.

Bei diesem Wachstumsprozess spielte das Ausland eine nicht unwichtige Rolle.

Wenn es überhaupt anfangs des Jahrhunderts zu einer industriellen Entwicklung gekommen war, dann dank jener Maschinen, die man in England erfunden hatte und die man, da ein Patentgesetz fehlte, selber produzieren konnte. Aber in der Folge kamen nicht nur Maschinen aus England, sondern auch der «strike», was eingedeutscht werden musste.

Und unter den Unternehmern, welche durch ihre Firmengründungen der zürcherischen Wirtschaft zu Impulsen verhalfen, fand sich eine nicht unbeachtliche Anzahl von Ausländern, ob es sich nun um die Nahrungsmittelindustrie oder später um die Fabrikation von Werkzeugmaschinen handelte.

Aber auch auf seiten der Arbeiterschaft wirkten Ausländer, damit Entscheidendes in Bewegung und zu Bewusstsein kam. Deutsche Kommunisten und Sozialisten bestimmten die soziale Auseinandersetzung und waren massgeblich an der Gründung von Gewerkschaften und der «Sozialdemokratischen Partei» beteiligt.

Dass es auch Ausländer waren, welche im kulturellen Leben ihren Beitrag leisteten, war nicht so aufregend und weckte nicht die Diskussionen über den «Import fremdländischer Ideen»; aber das Musikleben Zürichs, seine Oper und sein Theater wurden in ihrem Rang durch den Beizug ausländischer Kräfte geprägt.

Die Präsenz von Ausländern in der Stadt konnte allerdings zu Konflikten führen, die in Gewalttätigkeiten ausbrachen: wie beim Tonhallenkrawall 1871, als die reichsdeutsche Kolonie den Sieg der Deutschen über Frankreich feierte, oder als es 1896 in Aussersihl und im Industriequartier zu blutigen Zusammenstössen zwischen Einheimischen und ausländischen Arbeitern kam.

Einen besonderen Prozentsatz an Ausländern bildeten die Studentinnen. Die Universität Zürich war die erste europäische Hochschule, welche Frauen das Studium erlaubte. Das war ein avantgardistischer Schritt in der Frauenemanzipation, wenn auch nur ein erster. Wenn eine Ärztin eine Praxis eröffnen wollte, brauchte sie dazu noch eine besondere Erlaubnis.

Und dann besass dieses Zürich eine Emigrantentradition, seitdem deutsche Demokraten sich nach 1848 hierher geflüchtet hatten. Die Präsenz solcher Ausländer liess es nicht zu, die zeitgenössischen Probleme nur vom lokalen Aspekt aus zu betrachten.

Der soziologische und wirtschaftliche Bauplatz Zürich zeichnete sich nicht nur dadurch aus, was an Ort und Stelle abgerissen und aufgebaut wurde, was an Konflikten entstand und durchgekämpft wurde, was als Probleme zur Kenntnis genommen oder verdrängt wurde, sondern Zürich erwies sich gerade dadurch als zukunftsträchtig, dass es sich dem öffnete, was draussen geschah. Natürlich ging das nicht ohne jene Diskussion, die stets darauf aus war, zu verteidigen, was man als einheimisch und echt und als Eigenheit verstand. Aber die Mobilität der Stadt äusserte sich nicht zuletzt in der Fähigkeit und in der Disposition, aufzunehmen und zu adaptieren.

Dabei konnte «modern» unter Umständen nur heissen: man brachte an der Haustür einen elektrischen Glockenzug an, man tanzte den «Two-Step», oder man befreundete sich mit der Vorstellung, dass Fussball auch eine Form der Bewährung darstellte.

Und die Zeiten waren neu; man war entschlossen, in solch neuen Zeiten zu leben. Im Rückblick von damals aus hatte man bereits viel Mittelalterliches und Zöpfisches hinter sich gelassen. Der Pranger war längst abgeschafft, und noch hatte kein moderner Journalismus seine Funktion übernommen. Auch mit der Todesstrafe war es vorbei, und somit fanden nicht mehr öffentliche Hinrichtungen statt. Als moderne Gesellschaft konnte man darauf hinweisen, dass Zürich die erste Region auf dem europäischen Festland gewesen war, welche die Briefmarke einführte. In dieser Stadt war der erste «Konsum-Verein» gegründet worden, eine Selbsthilfeorganisation der minderbemittelten Konsumenten. Zürich sollte auch eine der ersten Städte sein, die ein Krematorium bauten. Und es war die erste Stadt auf dem europäischen Festland, welche ein öffentliches Telefonnetz besass.

Allerdings hatten sich gegen das Telefon, die Möglichkeit, «auf elektrischem Wege Stimmen zu übermitteln», Bedenken gemeldet, und man hat sich gefragt, ob das Telefon dem zürcherischen Wesen entsprechen könne, und war zu einer negativen Antwort gekommen.

Selbst gegenüber der Pferdebahn, dem später so beliebten «Rösslitram», zeigte man sich zunächst reserviert. Erst als eine englische Firma sich bereit erklärte, für die erforderlichen Kredite aufzukommen, stellten die Zürcher die notwendigen Gelder zur Verfügung; auf jeden Fall kam Zürich als erste europäische Stadt zu einem kommunalen Verkehrsnetz.

«Modern» aber war zuweilen «sehr modern» und «zu modern». Dann etwa, wenn ein Maler wie Ferdinand Hodler die Entwürfe für das Wandgemälde im Landesmuseum zeigte: «Der Rückzug der Schweizer aus Marignano». Was der Künstler vorführte, löste einen handfesten Skandal aus, auch wenn er am Ende seine Arbeit vollenden durfte.

Man war in Dingen «Bildende Kunst» nicht allzu freigebig. Es brauchte einige Abstimmungen, bis der Souverän den Kredit für ein Kunsthaus bewilligte; am Ende kam Zürich doch zu seinem Kunsthaus, denn schliesslich gehörten zu den modernen Zeiten nun auch einmal Museen.

Diese Umbruch- und Bauplatzzeit apostrophierte sich selber als «Gründerzeit» und als «belle époque». Dabei ist zu bedenken: während der Gründerzeit wurde nicht nur gegründet, sondern auch vieles aufgelöst, und die «belle époque» war nicht nur schön.

Wenn diese Epoche mit dem Ersten Weltkrieg aus Träumen und Illusionen aufschreckte, geschah dies nicht als Überraschungscoup. Alles Fragwürdige und Problematische war schon längst vorher sichtbar und spürbar gewesen. Zwar hatte man den Besuch des deutschen Kaisers 1912 als nationale Attraktion gefeiert, aber die militärischen Manöver, an denen Wilhelm II. teilnahm, waren ernstere Sandkastenspiele, als der Begeisterungstaumel wahrhaben wollte.

«Gründerzeit» hiess zwar in erster Linie Bauen, Investieren und Vermögensbildung. Aber mit dem Spekulieren ging auch das Verspekulieren Hand in Hand. Mancher Architekt, der mit dem Bau des einen Geschäftshauses ein Vermögen machte, verlor es beim Bau des nächsten. «Gründerzeit» bedeutete auch horrende Bodenpreise, Zuzug von Fremdarbeitern, teure Mieten, leerstehende Siedlungen und überfüllte Altwohnungen. Es sollte denn auch zur sogenannten «Liegenschaften-Krise» kommen. Es traten nicht nur Neureiche in Erscheinung, sondern auch Neuarme.

Eine Zeit, in der sich eine solche unbekümmerte Spekulation breitmachte und in der man sich immer rücksichtsloser auf reinen Profit ausrichtete, hatte Gottfried Keller schon längst zu einer pessimistischen Position geführt. Nachdem er die Stelle eines Staatsschreibers aufgegeben hatte, widmete er sich wieder ausschliesslicher seiner Dichtung. Den «Grünen Heinrich» änderte er in der zweiten Fassung dahin, dass die Erziehung erst mit der Eingliederung in die Gemeinschaft ihre Bestätigung fand, und schuf damit den «politischen Bildungsroman». Während er in seinem zweiten Band der «Leute von Seldwyla» und in seinen «Züricher Novellen» seiner Stadt und ihren Einwohnern mit fabulierendem Humor begegnete, wurde er in seinem letzten Werk «Martin Salander» zum Mahner und bittern Kritiker dessen, was sich als Entwicklung abzeichnete.

Er war wie Conrad Ferdinand Meyer ein offizieller Dichter geblieben. Beide hatten für die Eröffnung der Landesausstellung ihre Weiheverse geschrieben. Aber diese beiden Zürcher, die bedeutendsten Schriftsteller der Schweiz aus der zweiten Hälfte des 19. Jahrhunderts, trennten sich in ihrer Vorstellung von Gesellschaft und Kunst radikal. Während Keller an der unmittelbaren Umwelt und Aktualität litt, legte Meyer sein Leiden in der Geschichte an. Seine historischen Novellen sind Berichte von grossen Einzelnen, deren Geschick einen tragischen Lauf nimmt. Dem Zeitgenössischen stellte er die geschichtliche Grösse entgegen; im Zürcherischen und Schweizerischen konnte er nur die Kleinheit und den Hang zur Idylle sehen. Und dies in einem Zürich, das überzeugt war, es durchbreche das idyllische Dasein, und dessen Gesellschaft durch die wirtschaftliche Entwicklung aus den Fugen geriet.

Zum Bauplatz Zürich gehörte auch die Gegenwelt. Während Europa den Durchstich durch den Gotthard feierte, malte Rudolf Koller, der bedeutendste Zürcher Maler seiner Zeit, die «Gotthardpost». Während in Zürich sich eine Industriegesellschaft heranbildete mit den ersten Verkehrsproblemen und Arbeitervierteln, mit Geschäftszentren und Bauspekulationen, malte er seine Tierbilder und seine unberührten Landschaften. Vor den Toren der Stadt wohnend, verteidigte er das Zürichhorn als einen letzten intakten Fleck Erde.

Die erfolgreichste Gegenwelt aber schuf Johanna Spyri mit «Heidi», dem ersten schweizerischen Weltbestseller. In diesem Kinderbuch war die Hauptfigur ein Kind, mit dem sich jedes Kind identifizieren konnte, und dieses Kind lernte mit der Welt der Alpen eine Natur kennen, die zu gleicher Zeit in den Städten und im Mittelland mit den Erschliessungen und Bauten radikal verändert wurde.

Die Gründerzeit beinhaltete nicht nur wirtschaftliche Konkurse, sie trug in sich auch schon die Kritik und das Verlangen nach Gegenwelten. Genauso war ja die «belle époque» eine Zeit, die nur der Fassade nach schön und unbekümmert war.

Sicherlich trug diese «époque» den «chapeau claque», und sie war mit Samt und Plüsch ausstaffiert. Aber zu ihr gehörten nicht nur der Ball, das Teekränzchen und Orientfahrten. Sondern zu dieser «belle époque» gehörten auch die Streiks. Und zwar immer regelmässiger und immer bestimmter. Und das bedeutete, dass sowohl Polizei wie Militär aufgeboten wurde.

Natürlich traten im «Lesezirkel Hottingen» ausländische Gelehrte und Dichter auf, und die literarischen Abende dieses kulturellen Vereins waren ebenso schick wie teuer. Aber bei anderen Anlässen redeten die Anarchisten. Als diese drohten, sie würden den Bundesrat in corpore umbringen, wurden die Anarchisten verhaftet und die Ausländer unter ihnen abgeschoben.

Ohne Zweifel vergnügte man sich im Theater. Die Bühne bot die abwechslungsreichste Skala von Posse, Vaudeville und Allerhandattraktionen. Aber auf der Pfauenbühne wurden immer öfters Stücke gezeigt wie die von Henrik Ibsen oder Gerhart Hauptmann, ein Theater, das nicht von den Problemen des Alltags wegführte, sondern zu ihnen hin.

Und es leuchtet ein, dass sich ein puritanisches Zürich empörte, wenn französische Operetten gezeigt wurden, die man nur als «liederlich» bezeichnen konnte. Aber vor den Toren der Stadt hatte sich ein Bordellwesen breit gemacht, das den Verdacht zuliess, dass auch in einer puritanischen Brust das Laster lebte.

Bestimmt genoss man das lustige Treiben in den Gartenwirtschaften und Biergärten. Aber es gab ein ganz anderes Kneipentreiben, eines, zu dem die soziale Krankheit des Alkoholismus gehörte. Zürich reagierte darauf mit der Gründung des «Frauenvereins», mit der Schaffung von alkoholfreien Gaststätten und erwies sich in sozialhygienischer Hinsicht als Avantgarde.

Modern sein, hiess auch gesund leben. Ein Doktor Bircher-Benner entdeckte die Rohkost, er erfand das «Birchermüesli»; in der gleichen Stadt aber kam endlich auch eine Krankheit wie die «Schizophrenie» zu ihrem Namen.

Und inmitten dieser «modernen Zeiten» die lokalen «faits divers». Die «Seegfrörni», der Zürichsee, der zugefroren war, und das Knabenschiessen, aber auch die veritablen Schlachten, die sich die Buben aus Aussersihl mit den eigentlichen Stadtbuben lieferten.

Es waren moderne Zeiten, auch wenn man zuweilen mit den Erfindungen nicht nachkam. Kaum besass die Stadt eine Gasbeleuchtung, wurde schon mit der Elektrifizierung begonnen.

Noch lebte man im Zeitalter der Eisenbahn. Aber noch vor der Jahrhundertwende stieg Spelterini mit seinem Ballon in die Luft, und auf den Strassen zeigten sich die ersten motorisierten Vehikel.

Nach dem Leierkasten kam der Musikautomat, die Musik wurde mechanischer, auch wenn der Lautsprecher noch kein Alltagsgegenstand war.

Und das Panoptikum am Unteren Mühlesteg richtete die Lumière-Kinomatographen ein und zeigte «lebende Bilder».

Die neuen Zeiten wurden immer neuer, bis sie so neu waren, dass diese auf die neuen Zeiten von damals zurückblickten und von ihnen als den guten alten sprachen.

3 Bahnhofplatz im Frühling 1894 ▶

1 Das alte Café du Nord im Winter 1894/95

2 Hotelbauten am Bahnhofplatz im Frühling 1882

4 Bahnhofplatz um 1914

5 Bahnhofplatz um 1920

6 Blick vom alten Bahnhof über die neue Brücke zum Polytechnikum. 1864

7 An die Stelle des «Papierhofs» ist das Globus-Gebäude getreten. Um 1905

8 Blick auf das Gedeckte Brüggli und den Bahnhof um 1895

9 Die einstige Maschinenfabrik Escher Wyss und das Schlachthaus unterhalb der Bahnhofbrücke. 1902

10 Bahnhof und Landesmuseum um 1908

11 Vor dem Bau der 1907 eröffneten Zollbrücke

12   Das alte Schützenhaus vor dem Abbruch im Frühling 1899

13   Das Grüne Hüsli vor dem Ötenbach-Bollwerk um 1893

14   Am heutigen Bahnhofquai im Jahre 1902

15 Das Central im Jahre 1898

16 Das Central um 1915

17 Central und Unterer Mühlesteg. 1910

18 Blick auf die Schipfe um 1902

19 Das untere Limmatquai. 1899

20 *Bau der Uraniabrücke im Frühling 1913*

21 *Der Obere Mühlesteg um 1911*

22 *Der Obere Mühlesteg um 1905*

23 Uraniastrasse, Waisenhaus und Amtshaus II im Frühling 1905

24 Der Ötenbachhügel wurde im Winter 1904/05 abgetragen

25 Im Frühling 1905 entstand der Werdmühleplatz

26 Das Zürcher Waisenhaus um 1895

27 Hotel und Badanstalt am Sihlkanal

28 Um 1895 am Sihlkanal an der Stelle des heutigen Werdmühleplatzes

30 Blick vom Hotel Schwert auf die Gemüsebrücke um 1890 ▶

29 Die Untere Werdmühle am Sihlkanal um 1895

43 Zürcher Studenten starten um 1877 an der Schifflände zu einer Maifahrt ▶

40 Café Frieden, einst geselliges Zentrum des Kratzquartiers. Aufnahme um 1877

41 Bauschänzli, Kratzquartier und Kratzturm um 1875

42 Blick auf den oberen Limmatraum um 1865

44 Die alte Trichtermündung des Sees in die Limmat um 1862

45 Blick über die Stadthausanlagen zur alten Tonhalle. 1883

46 Das Sonnenquai nach dem Bau der Quaibrücke. 1884

47 Bau der Quaibrücke um 1883

48 Quaibauten um 1885 am heutigen Utoquai

49 Blick auf das Fraumünster und das alte Stadthaus. 1877

73 *Das Stadttheater, eine Zürcher Sehenswürdigkeit, um 1895* ▶

71 *Das in vierzehn Monaten erbaute, 1891 eröffnete Stadttheater*

72 *Die letzten Umgebungsarbeiten im Sommer 1891*

74 Die NZZ-Chauffeure mit ihrem neuen Lieferwagen im April 1928

75 Nächster Nachbar des Stadttheaters wurde 1894 die «Neue Zürcher Zeitung»

76 Blick vom Zürichhorn um 1889 gegen die Stadt

77 Schiffsanlegeplatz um 1870 bei der Holzschanze

78 Am Schiffssteg Theater um 1894

79 *Die neue Tonhalle im Sommer 1895* 80 *Die 1898 fertiggestellte Rentenanstalt*

82 *Blick auf das Rote Schloss um 1900* ▶

81 *Das Weisse Schloss um 1897*

◀ 83 Der Fröschengraben wird aufgefüllt, um der geplanten Bahnhofstrasse Platz zu machen. 1864

84 Blick um 1855 vom Fröschengraben zum Paradeplatz

85 Kratzturm und Baugarten im Jahre 1876

86 Die obere Bahnhofstrasse. 1883

87 Der «Marienhof» war von 1874 bis 1901 Sitz der Kantonalbank

88 Die Stadthausanlage und die obere Bahnhofstrasse. 1885

89 Schanzengraben und Hotel Baur au Lac um 1885

90 *Die Villa Windegg am Paradeplatz wurde 1911 abgebrochen*

91 *Blick auf die Kreditanstalt und den Paradeplatz um 1896*

92 Die Zürcher Kantonalbank um 1900

93 Der oberen Bahnhofstrasse stand bis 1877 der Kratzturm im Wege

94 Die Schweizerische Kreditanstalt mit Droschkenstandplatz um 1878

95 Der Kuppelbau des Schweizerischen Bankvereins um 1898

96 Paradeplatz mit Hotel Baur um 1898

97 Blick um 1898 vom Paradeplatz in die Poststrasse

98 Die Halle der Fraumünsterpost. 1898

99 Im Biergarten zum Strohhof um 1905

100 Elektrifizierung der Strassenbahn am Paradeplatz. 1900

101 Der Speisesaal im «Metropol» um 1905

102 Restaurant Landolt um 1890

103   Die Villa Windegg um 1902

104   Wochenmarkt beim Paradeplatz um 1905

105   Die obere Bahnhofstrasse um 1885

106 Das Haus zum Grabenhof an der mittleren Bahnhofstrasse. 1918

107 Das Haus zum Mühlestein. 1910

108 Die noch unberührte Augustinergasse um 1895

109 Das Haus zum Graben, wo heute der St. Annahof steht, um 1911

110 Der 1912–14 erbaute St. Annahof des Lebensmittelvereins

111 Markt vor dem Haus zum Grabengarten um 1912

112 *Die mittlere Bahnhofstrasse an einem Markttag 1883*

113 *Das Haus zur Trülle im Februar 1897*

◀ *114 Das 1865/66 abgebrochene Rennwegbollwerk*

115 Die neue «Trülle» um 1910

116 Blick um 1908 von der Bahnhofstrasse in die Ötenbachgasse

117 Die kantonale Strafanstalt auf dem Ötenbachhügel um 1901

118 Blick vom Bahnhofplatz in die Bahnhofstrasse um 1915

119 Das 1882 eröffnete Grand Hotel Victoria um 1885

120 Die untere Bahnhofstrasse um 1885

121   Der Löwenplatz um 1905

122   Die Löwenstrasse vor ihrer Verbreiterung im Jahr 1929

123   *Die stillgelegte Steinmühle an der Sihlstrasse. 1911*

124   *Der Talacker im Frühling 1910*

129   *Sihlbrücke und Eingang von Aussersihl um 1890* ▶

125   *Die Bärengasse um 1920*

126   *Die Sihlstrasse im Frühling 1910*

127   *Die Pelikanstrasse um 1913*

128   *Im Hof der Pelikanhäuser um 1913*

130 *Holzmodellbrücke für die geplante Zürichberg-Seilbahn. 1887*

131 *Am Hirschengraben um 1900*

136 *Die Stüssihofstatt im Frühling 1885* ▶

132 *Das Gewerkschaftshaus Eintracht am Neumarkt um 1915*

133 *Der Neumarkt gegen den Grimmenturm um 1900*

134 *Am Napfplatz im Jahre 1878*

135 *Der Hirschenplatz um 1905*

137 *Martinimesse am Hirschengraben um 1875*

138 *Der Ketzerturm am Seilergraben um 1865*

139 «*Steinhaus*», «*Roter Stern*» *und* «*Chamhaus*». *1910*

140 Blick um 1870 vom Ketzerturm auf den Predigerchor und einen Teil der Spitalbauten

141 Der Zähringerplatz im Frühling 1902

142 Der Zähringerplatz um 1887

143 Das Escher-Wyss-Areal an der Walche um 1895

144 Escher-Wyss-Areal und Oerlikoner Tram um 1900

145 Das Central-Theater um 1901

146 Werkstätten an der Weinbergstrasse müssen 1893 dem Strassenbau weichen

147 Ehemaliges Escher-Wyss-Werkstattgebäude um 1915

148 Die Strasse Im Stadtgraben im Frühling 1910

149 Escher-Wyss-Giessereihaus und Abstellgeleise des Oerlikoner Trams im Frühling 1910

150 Das Areal, auf dem heute das Kaspar Escher-Haus steht

151 Martini-Viehmarkt um 1890 vor dem städtischen Schlachthof Walche

152   Weinbergstrasse bei Abzweigung Langmauerstrasse

153   An der Weinbergstrasse

154   Das Pfrundhaus Spanweid

155   An der Stampfenbachstrasse

156   Beckenhofstrasse mit Rebhang und Kirche Unterstrass

157   An der Rötelstrasse

158   An der Langmauerstrasse

159   Stampfenbachstrasse unterhalb der «Krone» mit Oerlikoner Tram um 1900

160 An der Schaffhauserstrasse um 1905

161 Das Restaurant Wiedenberg beim Schaffhauserplatz um 1910

162 Auf dem Milchbuck um 1910. Links das Café-Restaurant Frohburg

163 Erste Kirchweih nach dem Bau der Kirche Oberstrass. 1910

164 Rechts Universitätstrasse, links Sonneggstrasse um 1900

165 Restaurant Schützenstube an der Universitätstrasse um 1900

166 Das 1842 eröffnete Kantonsspital

167 Die 1875 eröffnete Frauenklinik

168 Schmelzbergstrasse. Im Vordergrund Sternwarte. In der Mitte Physikgebäude der ETH

169   Die am 4. April 1901 eröffnete Seilbahn Rigiviertel

170   Alter Friedhof Oberstrass mit dem Schul- und Bethaus. Im Vordergrund die Ottikerstrasse. 1908

171   Bethaus und Schulhaus an der Winterthurerstrasse

172 Die 1898 eröffnete Strassenbahn Zürich–Höngg auf ihrem eigenen Steg

173 Blick über den Tramsteg in Wipkingen

174   An der Röschibachstrasse. 1893

175   Erweiterung der Rosengartenstrasse

176   Die 1909 abgebrochene alte Kirche an der Röschibachstrasse

177   An der heutigen Nordstrasse

178   Bei der Nordbrücke

179 Krankenhaus Waid

180 Die Hönggerstrasse. 1907

182 Blick von der Waid über die Stadt ▶

181 An der Hönggerstrasse um 1910

183 An der Limmattalstrasse um 1900

184 Das 1674 erbaute Haus zum roten Ackerstein

185 Im Dorfkern von Höngg um 1900

186 *Blick auf Höngg um 1910*

187 *Wümmet in Höngg um 1900*

188   Verbreiterung der Zollbrücke. 1907

189   Provisorischer Hilfssteg für die Strassenbahn neben der alten Zollbrücke

190   Langstrasse bei Einmündung Röntgenstrasse. 1907

191   Ecke Langstrasse/Röntgenstrasse

192   Die Langstrasse beim Eingang zum Industriequartier

193 Das 1885 erbaute Konzerthaus Orpheum an der Heinrichstrasse

194 Arbeitersiedlung an der Josefstrasse

195 An der Neugasse

196 Langstrasse und Josefstrasse um 1900

197 Wohnsiedlung an der Heinrichstrasse, 1908 erbaut

198 *Städtische Kehrichtverbrennungsanstalt, eröffnet am 10. Mai 1904*

199 *Typhusspital an der Gerstenstrasse*

200 *Restaurant Bauernstube an der Pfingstweidstrasse*

201 *An der Förrlibuckstrasse*

202 *Bei der alten, 1867 eröffneten Gasfabrik an der Langstrasse*

203 *Das 1897 erbaute Schulhaus Klingenstrasse*

204   *Kehrichtverbrennungsanstalt an der Josefstrasse*

205   *Josefstrasse mit Viadukt*

206 *Industriequartier-Strassenbahn 1898 eröffnet*

207 *Tramdepot am Escher-Wyss-Platz*

208 *Escher-Wyss-Platz um 1900*

209 Der Hardturm um 1895

210 Ausbau der Hardturmstrasse

214 Strassenbahnlinie Helmhaus–Paradeplatz–Aussersihl ▶

211 Das Volkshaus am Helvetiaplatz

212 Im Restaurant Helvetia an der Kasernenstrasse

213 Die Langstrasse um 1910

215 *Friedhof St. Jakob*

216 *Grundsteinlegung zur St. Jakobs-Kirche. 1899*

217 *An der Werdstrasse*

218 *An der Badenerstrasse*

219 *Die alte Kapelle des Pfrundhauses am Anfang der Badenerstrasse*

220 *Tages-Anzeiger an der Birmensdorferstrasse*

221 Kaserne Aussersihl im Juli 1903

222 Einweihung der Polizeikaserne. 1901

223 Bau der Sihlbrücke. 1902/03

224 Im neuen Schlachthof, eröffnet 1909

225 Bau der Stauffacherbrücke. 1898/99

226 Bau der Schimmelstrasse

227 Bahnübergang Marienstrasse der linksufrigen Seebahn

228 Ausbau der Sihlfeldstrasse

229 An der Sihlfeldstrasse um 1910

230 Links Badenerstrasse, rechts Seebahnstrasse

231 Restaurant Concordia an der Kreuzung Badenerstrasse/Sihlfeldstrasse

232   Chemische Fabrik an der Hohlstrasse. 1903

233   Restaurant Hardplatz

234   Hohlstrasse mit Restaurant Sternen

235 *An der Seebahnstrasse*

236 *Chilbi 1888 auf der Ägertenwiese*

237 *Häuser an der alten Schimmelstrasse*

238 *Bahnübergang Schimmelstrasse*

239 *Lehmgrube im Giesshübel*

240 *Das Sihlhölzli im Dezember 1916*

241 Altes Bet- und Schulhaus Wiedikon

242 Amtshaus Wiedikon, 1914 eröffnet

243 Die Kalkbreitestrasse vor dem Ausbau

244 Der «Kehlhof» an der Zweierstrasse

245 Restaurant Freieck am Manesseplatz

246 An der Ämtlerstrasse

247   *An der Goldbrunnenstrasse im «Saum». Aufnahme 1917*

248   *An der Goldbrunnenstrasse. 1907*

249 Die alte Schmiede Wiedikon

250 Schmiede Wiedikon mit dem Schmiedebrunnen

251   Friedhof mit Bethaus an der Schlossgasse

252   Blick gegen die Schmiede. 1910

253   An der Birmensdorferstrasse. 1910

254   An der Schlossgasse

255   Einmündung Friesenbergstrasse/Birmensdorferstrasse

256   Aushub für das Bahntrassee beim Bahnhof Wiedikon

257 *Das ehemalige Hotel Ütliberg. 1892*

258 *Auf der Albisriederstrasse um 1910*

259 *Im alten Dorfzentrum Albisrieden. 1905*

260 *Restaurant zum Sternen an der Albisriederstrasse*

261 Dorfkern von Albisrieden

262 Das alte Postbüro von Albisrieden um 1905

263 Die Kirche Altstetten um 1905

264 Der in den 1880er Jahren erbaute Bahnhof Altstetten

265 An der oberen Bahnhofstrasse, heute Altstetterstrasse

266 Die grosse Überschwemmung in Altstetten im Jahre 1910

267 Die Autofabrik «Vulcan» um 1915

268 Wümmet in Altstetten um 1895

269   An der Badenerstrasse. 1899

270   An der Badenerstrasse um 1895

271   Der Dorfbrunnen am Lindenplatz. 1895

272 *Steinwiesplatz um 1910*

273 *Kreuzplatz im Frühjahr 1894*

274 *Kreuzplatz mit dem «Drei-Gemeinden-Brunnen». 1905*

275   Kasinoplatz mit Wilfriedstrasse und Gemeindestrasse

276   Kasinoplatz mit Hottingerstrasse (rechts)

277 Am Hegibachplatz um 1905

278 Blick über die Rebberge gegen die Kreuzkirche

279 Dolderstrasse um 1880

280 Hottingen von der Zürichbergstrasse aus

281 Wirtschaft Römerhof von der Klosbachstrasse aus

282 Wirtschaft Römerhof um 1897

283 Die am 12. Juli 1895 eröffnete Dolderbahn

284 Baschligplatz. 1907

285 Waldhaus Dolder, 1895 eröffnet

290 Grand Hotel Dolder, 1899 eröffnet ▶

286 Bergstrasse um 1905

287 Kreuzbühlstrasse mit Villa Wegmann

288 Klosbachstrasse oberhalb Kreuzplatz. 1907

289 Baschligplatz. 1914

297 *Blick auf Hirslanden*

298 *Burgwies um 1910*

299 *Forchstrasse mit Einmündung Freiestrasse*

300 *Am Hegibachplatz um 1906*

301   Witikonerstrasse. 1910

302   Witikon mit der 946 erstmals erwähnten Kirche

303 *Schützenhaus Rehalp. 1912*

304 *Ausbau der Forchstrasse. 1910*

305 An der Zollikerstrasse um 1910

306 Restaurant zur alten Farb, Florastrasse

307 Tramway-Stallungen im Seefeld

308 Kasino Tiefenbrunnen um 1890

309 Bauarbeiten an der Mühlebachstrasse. 1910

310 Ecke Seefeldstrasse/Falkenstrasse um 1910

311 *Nervenheilanstalt Burghölzli um 1890*

312 *Blick auf Riesbach mit Neumünsterkirche*

313 *Grand Café du Théâtre an der Dufourstrasse um 1905*

314 *Transportschiff im Hafen Riesbach. 1892*

315 Rösslitram beim heutigen Tessinerplatz

316 Vor dem alten Bahnhof Enge

317 Eingang zum Ulmbergtunnel. 1926

318 *An der Beethovenstrasse um 1900*

319 *«Auf dem Stock» mit Haus zu den drei Tannen um 1900*

320 *Brandschenkestrasse um 1910*

321 *Kreuzung Kurfirsten-/Brunaustrasse. 1914*

322 *Bethaus Enge. 1890*

323 *Pension zur Bürgliterrasse*

324   *Ecke Bleicherweg/Stockerstrasse. 1891*

325   *Bleicherweg um 1912*

326 Utobrücke. 1909

327 Abbruch des Hauses Bederstrasse 109 im Jahre 1911

328 An der Bederstrasse. 1912

329 Bederstrasse vor der Utobrücke

330 Einmündung Ringgerstrasse/Bederstrasse

331 Einmündung Steinentischstrasse/Bederstrasse

332   Bleicherweg und Seestrasse. 1907

333   An der Seestrasse. 1925

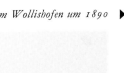
340 *Dorfzentrum Wollishofen um 1890*

334 *Neubühl vor der Überbauung. 1929*

335 *Bahnhof Wollishofen um 1910*

336 *Albisstrasse beim Morgental um 1920*

337 *Kilchbergstrasse um 1905*

338 *Seestrasse um 1906*

339 *An der Seestrasse um 1900*

341 Ende der Frymannstrasse um 1900

342 Dorfzentrum Leimbach um 1900

343 Blick gegen die Kirche Leimbach um 1910

344 *Radrennbahn Oerlikon, eröffnet 1912*

345 *Schulstrasse und Franklinstrasse (links)*

346 *Oerlikon im Jahre 1898*

347 *Bläsihof im Dorflindequartier*

348 *Oerlikonerstrasse um 1910*

349 Oerlikoner Tram an der Schaffhauserstrasse

350 Oerlikon um 1928

351 Restaurant Binzmühle

352 Schwingfest auf der Sonnenburgwiese um 1907

353 Kirchenfeld mit Schulhaus auf dem Buhnhügel (links). 1899

354 Schaffhauserstrasse um 1905

355 Blick vom Zürichberghang auf Schwamendingen um 1930

356 An der alten Überlandstrasse

357 Der alte Dorfplatz Schwamendingen

358 Dorfplatz Affoltern bei Zürich

359 Bahnhof Affoltern um 1900

360 Vor dem Depot der Landwirtschaftlichen Genossenschaft an der Wehntalerstrasse

◀ *361 Eissäger am Katzensee um 1900*

Alfred Cattani **Zwischen Bürgertum und Sozialdemokratie**

Im Herbst 1865 kam der schlesische Buchbindergeselle Herman Greulich, der spätere patriarchalische Führer der zürcherischen und der schweizerischen Sozialdemokratie, nach Zürich. Er fand eine behäbige Kleinstadt. «Es war», so schildert er seine Eindrücke später, «noch ein kleines Bahnhöflein, an dem man ein- und ausstieg. Vor ihm breitete sich noch eine unbebaute Ebene aus, auf der sich später das Bahnhofquartier erheben sollte, zeitweise weideten dort Schafe das spärliche Gras ab. In Richtung der Beatengasse stand ein altes Zeughaus, dessen letzte Einquartierung im Jahre 1871 Franzosen von der Bourbaki-Armee waren. Jenseits der Sihl, über die die gedeckte Sihlbrücke führte, deuteten die grossen Wiesenflächen auch noch nicht auf den späteren Proletarierkreis Zürich III hin. Von der Grenze der Altstadt beim alten Steinhause (heutigen Pfauen) wandelte man am geschlängelten Wolfbach zwischen Wiesen und Feldern nach dem Gemeindehause Hottingen, und der ganze Hottinger Boden war noch Acker- und Wiesland, durch das ein Fussweg führte...» Aber dieses halb mittelalterliche Zürich, erfüllt von der Luft Seldwylas, gehörte schon damals beinahe der Vergangenheit an. Zwar standen noch Türme und Tore der alten Stadtbefestigungen, doch war ihr Abbruch längst beschlossene Sache. Bereits war der Fröschengraben zugeschüttet, das Rennwegbollwerk wurde eben in jenen Tagen geschleift; als eine Hauptachse der «modern» werdenden Stadt entstand die Bahnhofstrasse, und sie wurde bald zum Prachtboulevard mit vornehmen Villen, Wohn- und Geschäftshäusern, zu denen sich bald die Repräsentativbauten der Banken und die neue Börse gesellten.

Bürkli formt das neue Stadtbild

Der eben anhebende Bauboom walzte alles nieder. Das 1863 gutgeheissene kantonale Baugesetz für städtische Verhältnisse, auf das 1866 der Erlass einer stadtzürcherischen Bauordnung folgte, schuf die rechtlichen Voraussetzungen, und unter der tatkräftigen Leitung von Stadtingenieur Arnold Bürkli (1833–1894) wandelte sich innerhalb weniger Jahrzehnte das äussere Bild der Stadt schneller und gründlicher als früher in Jahrhunderten. Das kleine Bahnhöflein, nur gut zwanzig Jahre alt, verschwand samt der Drehscheibe davor und machte dem noch heute stehenden Bau Platz. Um das neue Stationsgebäude herum gruppierten sich auf einer weiten Piazza prunkvolle Hotelpaläste mit schwungvollen Namen wie «Victoria» und «Habis Royal» – eine kalkuliert höfliche Geste der republikanischen Gastwirte gegenüber den monarchistischen Gefühlen der britischen Clientèle. Die Bahnhofstrasse wurde über den zum Paradeplatz gewordenen alten Säumärt (Schweinemarkt) bis zum See verlängert; die Kasernen aus dem Stadtinnern an ihren heutigen Standort jenseits der Sihl verbannt. Das alte trauliche Kratzquartier zwischen Paradeplatz und See wurde spurlos ausgetilgt, allen Widerständen zum Trotz, mit ihm sein malerischer efeubewachsener Turm und der gemütliche Baugarten, unter dessen laubschattigen Bäumen bei frohem Umtrunk sich vom sanften Hügel der alten Bastion aus der Blick weit in das Gebirge hinein eröffnet hatte. Von all dem ist kaum etwas geblieben, nicht einmal der Name. Zentralhof und Kappelerhof an der Bahnhofstrasse setzten neue mächtige Akzente, selbst das alte Stadthaus mit seinem Treppengiebel musste weichen.

Zwischen Sihl und Schanzengraben eröffnete das Selnauquartier neue städtebauliche Möglichkeiten als vornehmes «Westend»; das Limmatquai wurde erweitert und neben den Zunfthäusern mit den Gebäuden der Gesellschaft der Schildner zum Schneggen und der Museumsgesellschaft eine neue Flusskulisse geschaffen, in welche sich die weit in das Wasser hinausragende Fleischhalle mit ihren skurrilen baulichen Formen harmonisch einfügte. Im Niederdorf entstand das Zähringerquartier; hier fiel 1878 der letzte Rest der einstigen Ummauerung, der Ketzerturm. Limmataufwärts zum See hin wurde der Hafen bei der alten Tonhalle (beim heutigen Sechseläutenplatz) aufgefüllt und das Bellevue gegen das Sonnenquai freigelegt; anstelle des alten Kartoffelmarktes zog sich bald die Rämistrasse den Hang zum Pfauen hinauf.

Bereits vorher war, zusammen mit den Seeufergemeinden Riesbach und Enge, der Ausbau der Quaianlagen in Angriff genommen worden. Trotz kritischer und gehässiger Stimmen aus konservativen Kreisen über den «Quaibautenschwindel» schritten die Arbeiten rasch voran; als Verbindung zwischen linkem und rechtem Ufer entstand unter Überwindung zahlreicher baulicher Schwierigkeiten ausserhalb des Bauschänzli die Quaibrücke, eine neue klare Trennlinie zwischen See und Fluss. Die während Monaten in einem «Tagblatt»-Inserat von einem Spassvogel unermüdlich und drängend wiederholte «Dumme Frage» (ein Mittel der damaligen politischen Polemik): «Wann wird endlich die Quaibrücke mit dem Festland verbunden?» hatte damit eine befriedigende Antwort gefunden.

Die Bauwut der Zeit nach 1860, in der das Antlitz des alten Zürich bis zur Unkenntlichkeit verändert und das Gesicht der modernen «Grossstadt» geprägt wurde, war nur Teil und äusseres Symptom eines tiefgreifenden Wandlungsprozesses im industriellen Zeitalter. Dieses war in Zürich schon viel früher angebrochen; bereits anfangs des 19. Jahrhunderts war in die – 1648 neben den uralten Mühlen in der Limmat etwas flussabwärts errichtete – «Neumühle» die Firma Escher, Wyss & Cie. eingezogen, ursprünglich eine Spinnerei. Mit der Nutzbarmachung der Dampfkraft begann die Mechanisierung der in Zürich seit Jahrhunderten blühenden Textilindustrie, und daraus entwickelte sich bald ein ganz neuer Gewerbszweig, die Maschinenindustrie, die rasch die Textilindustrie von ihrem ersten Platz zu verdrängen begann. Sie wurde auch in

Zürich zum eigentlichen Rückgrat der Wirtschaft, als die Eisenbahn aufkam, die nicht nur bessere und raschere Verkehrsmöglichkeiten schuf, sondern gleichzeitig auch zum Entstehen neuer Fabriken als Zulieferbetriebe führte. Die erste schweizerische Linie, die legendäre Spanisch-Brötli-Bahn von Zürich nach Baden, Stammbahn für die späteren Verbindungen nach Basel und Bern, war schon 1847 eröffnet worden; in den fünfziger Jahren, nachdem der neue Bundesstaat den Privatbahnbau beschlossen hatte, folgten die Linien nach Winterthur und Schaffhausen, in den siebziger Jahren dann die links- und die rechtsufrige Zürichseebahn – letztere allerdings erst nach zwanzigjährigen Bemühungen durchgehend von Zürich bis Rapperswil; Bahnbau und Seeufergestaltung kamen sich in die Quere, nur nach heftigem Kampf konnte eine Linienführung der Bahn rund um das untere Seebecken, von den Gegnern höhnisch und treffend als «Halseisen» verpönt, verhindert werden.

Bevölkerungsexplosion

Wirtschaftliche und technische Umgestaltung schufen neue Existenzmöglichkeiten und liessen die Bevölkerung wie damals in allen europäischen Ländern in kürzester Zeit sprunghaft anwachsen. Während der alte Stadtkern sich im gewohnten Rhythmus weiter entwickelte, schossen die Einwohnerzahlen der Vororte rasch in die Höhe. Längst war auch Zürich nicht mehr allein der engere Bereich der Stadt in den Mauern des Mittelalters und der Vaubanschen Befestigungsanlagen aus dem 17. Jahrhundert. Eine «Metropolitan Area» war entstanden, ein Kranz von politisch eigenständigen Gemeinden, die jedoch die Impulse zu ihrer Entwicklung und ihrem Aufschwung nicht aus sich selbst heraus erhielten, sondern abhängig waren von der Stadt, um die sie sich gruppierten – vor allem in der weiten Ebene zwischen Limmat und Ütliberg, wo die Dörfer Aussersihl und Wiedikon sich zu eigentlichen Satellitensiedlungen entwickelten. Ohne die Stadt wären sie nicht zu dem geworden, und umgekehrt war die Stadt als Handels- und Industrieplatz angewiesen auf sie, auf ihr Potential an Boden und Menschen. Eine enge Verflechtung und Interdependenz war entstanden und damit infrastrukturelle Probleme ungeahnten Ausmasses, die sinnvoll nicht mehr von den einzelnen Gemeinden allein zu lösen waren, sondern nur noch im Verband: Wasserversorgung, Abwässerableitung, Gas, Elektrizität, Polizei, Verkehr und so fort. In rascher Folge mussten neue Ausfallstrassen geschaffen und auf ihnen bessere Verkehrsmittel eingesetzt werden; heftig wogte die Erregung über den Bau einer Strassenbahn, die endlich 1882 als friedlich-geruhsames «Rösslitram» zustande kam, das freilich schon wenige Jahre später wieder der leistungsfähigeren elektrischen «Tramway», wie man damals vornehm anglisierend sagte, zu weichen hatte.

Kompliziert wurden alle diese Fragen in Zürich durch die kommunalen politischen Strukturen. Entsprechend der in der Schweiz traditionellen Gemeindeautonomie waren die allmählich mit Zürich zusammenwachsenden Ortschaften, wie auch die Stadt selbst, unabhängige politische Körperschaften mit weitgehender Selbstbestimmung selbst in scheinbar nebensächlichen Angelegenheiten. Souverän ist das Volk, sein Wille äussert sich auch in Sachfragen in abschliessender Kompetenz. Statt eines Parlaments amtet als oberstes politisches Aufsichts- und Beschlussorgan die Gemeindeversammlung, die Vereinigung sämtlicher stimmberechtigter Einwohner, die sich in Zürich jeweils in der Peterskirche oder in der alten Tonhalle am See zu versammeln pflegte. Auch alle elf «Ausgemeinden», die in den Sog der grossstädtischen Entwicklung gekommen waren, hatten dieselben Institutionen, und es war klar, dass diese nicht ohne weiteres würden auf ein Gemeinwesen mit voraussichtlich mehr als 100 000 Einwohnern übertragen werden können. Eine Verschmelzung, für die es in der Schweiz damals kein einigermassen vergleichbares Vorbild gab, musste so zu einem kühnen politischen Experiment werden. Jedenfalls konnte diese nicht, wie in andern Ländern, auf dem Weg eines simplen Verwaltungsaktes dekretiert werden; auch dieser wichtige politische Entscheid brauchte selbstverständlich ebenfalls die breite Zustimmung der Bürger.

Wohnbevölkerung Zürichs und seiner Aussengemeinden 1799–1910

Jahre	Altstadt	Wollishofen	Enge	Wiedikon	Aussersihl, Industriequartier	Wipkingen	Unterstrass	Oberstrass	Fluntern	Hottingen	Hirslanden	Riesbach	1893 eingem. Vororte zusammen	Im ganzen
1799	10 000	587	788	559	702	511	365	480	571	894	918	868	7 243	17 243
1850	17 040	988	2 277	1 409	1 881	887	1 324	1 183	1 462	2 548	1 404	3 063	18 426	35 466
1860	19 758	1 075	2 661	2 122	2 597	1 182	1 944	2 107	2 022	3 126	1 791	4 575	25 202	44 960
1870	21 199	1 113	3 299	2 848	7 510	1 392	2 814	2 675	2 912	4 192	2 402	6 844	38 001	59 200
1880	25 102	1 407	4 475	3 878	14 186	1 938	3 342	3 316	3 280	5 942	3 144	9 291	54 199	79 301
1888	27 644	1 650	5 109	4 681	19 767	2 391	4 172	4 201	3 328	6 949	3 634	10 603	66 485	94 129
1894	28 099	2 413	6 994	8 929	30 248	3 432	5 381	4 951	3 585	8 375	4 548	14 102	92 958	121 057
1900	25 920	3 154	10 286	18 355	40 546	4 512	6 572	6 260	3 984	9 783	5 408	15 923	124 783	150 703
1910	25 502	4 436	10 946	27 484	52 089	8 901	9 151	9 244	5 105	12 192	6 881	18 802	165 231	190 733

Stadtvereinigung 1893

Es war ein langwieriger Prozess, der schliesslich 1893 zur Vereinigung der elf Aussengemeinden mit der Stadt Zürich führte. Anstösse dafür gab es schon um 1860, aber erst praktische Zwänge, vor allem in baulichen Fragen – neuer Standort der Kaserne, Seeufergestaltung – schufen engere Verbindungen. Verschiedene Wege öffneten sich; zweiseitige Zusammenarbeit mit einzelnen Gemeinden oder stufenweise Integration über verschiedene Kompetenzbereiche; in den achtziger Jahren gab es einen Versuch der Kooperation auf polizeilichem Gebiet, der aber bald wieder eingestellt wurde.

Der eigentliche entscheidende Impuls kam schliesslich durch die Entwicklungen im finanziellen Bereich. Das rasch anwachsende Aussersihl, dessen Bevölkerung Jahr für Jahr um rund tausend Bewohner zunahm (darunter jeweils etwa 150 schulpflichtige Kinder), vermochte die damit anfallenden vielfältigen Probleme aus eigener Kraft materiell nicht mehr zu bewältigen. Anleihen mussten aufgenommen werden, zuerst private, dann staatliche – ohne dass zu erkennen gewesen wäre, wie die völlig überforderte, hauptsächlich von Leuten niederer Einkommensschichten bewohnte Gemeinde diese Gelder jemals wieder hätte zurückzahlen können.

Die materielle Unsicherheit drängte deshalb Aussersihl immer stärker zur politischen Vereinigung mit der Stadt. In dieser selbst waren die Meinungen geteilt. Zwar gab es eine rührige Gruppe um den früheren Stadtrat Conrad Escher-Ziegler und Stadtschreiber Paul Usteri, die zusammen mit dem Aussersihler Lehrer und Redaktor Benjamin Fritschi-Zinggeler unermüdlich die Trommel für die Eingemeindung rührten. Weite und einflussreiche Kreise hingegen, vor allem die eingesessenen Geschlechter der Stadt, standen dieser immer mehr Anhänger gewinnenden Bewegung skeptisch, ja feindlich gegenüber; sie fürchteten nicht zu Unrecht, dass damit eine Umschichtung der bestehenden politischen Ordnung eingeleitet würde mit neuen Kräfteverhältnissen und gewandelten sozialen Strukturen, welche den alten, noch stark der Überlieferung verhafteten Herrschaftsformen ein Ende setzen würden. Viele Altzürcher empfanden eine Vereinigung mit den Vororten geradezu als den Untergang des stolzen alten Zürich. Zu diesen emotionalen Regungen kamen noch einige handfeste Bedenken wie Furcht vor höheren Steuern und Angst vor einem neuen politischen Übergewicht der Stadt. Bäuerlicher Widerstand regte sich in den elf Gemeinden vor allem bei dem damals weit vom Stadtzentrum entlegenen Wollishofen, das mit seinen knapp 1800 Einwohnern um 1890 in die Urbanisierung noch kaum einbezogen war.

Aber alle diese Bremsen mussten letztlich unwirksam werden vor der immer drängenderen Notwendigkeit, das wirre Konglomerat von zwölf mehr oder minder stark ineinander verwachsenen politischen Körperschaften neu zu ordnen. Die Debatten waren ebenso heftig wie jene zu Beginn der dreissiger Jahre, als über die Schleifung der mittelalterlichen Stadtbefestigung beraten worden war, und die Fronten verliefen wieder ähnlich wie damals: hie altes Zürich – da fortschrittsgläubiger Optimismus. Der Übergang von der alten zur neuen kommunalen Struktur wurde schliesslich gefunden in einer Gemeindeordnung, die geprägt war vom Gedanken der direkten Demokratie. Zwar musste die Gemeindeversammlung in der alten Form als unhandlich gewordenes politisches Instrument einem städtischen Parlament weichen – dem Grossen Stadtrat mit 116, später 125 Mitgliedern –, doch waren dessen Kompetenzen streng begrenzt durch Referendum und Initiativrecht der Bürger. Als Exekutive übernahm man den Stadtrat und erhöhte dessen Bestand von sieben auf neun Angehörige. Beide obersten städtischen Behörden wurden von der Gesamtheit der Stimmbürgerschaft jeweils auf drei Jahre im Majorzverfahren bestellt; verwaltungsmässig war die Stadt nun in fünf Kreise eingeteilt, in denen – neben der im Kreis I weiterbestehenden Altstadt – die früher selbständig gewesenen Gemeinden gruppenweise zusammengefasst wurden.

Die Neuregelung, unter dem Titel Zuteilungsgesetz, passierte die parlamentarische Beratung im Kantonsrat, wobei es allerdings zu einigen harten Auseinandersetzungen in Schulfragen kam. Die entscheidende Volksabstimmung fand am 9. August 1891 statt. Die Stimmbürgerschaft des ganzen Kantons Zürich hiess das Gesetz mit rund 60% gegen 40% gut; von den betroffenen Gemeinden votierten lediglich Enge und Wollishofen dagegen, ersteres

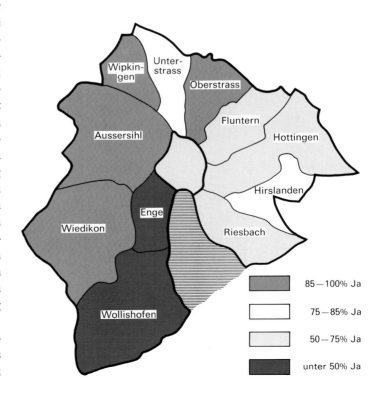

sogar nur mit dem knappen Mehr von fünf Nein-Stimmen. Selbst die Stadt Zürich, wo die Opposition noch immer recht stark war, brachte ein beachtliches Ja-Votum auf.

Von nun an ging der praktische Vollzug der Vereinigung rasch vor sich. Eine Abgeordnetenversammlung zur Ausarbeitung der neuen Gemeindeordnung wurde bestellt, und diese erhielt am 24. Juli 1892 in den zwölf Gemeinden mit 11 702 Ja gegen 1195 Nein eine überwältigende Zustimmung. Zur Schlussfeier trafen sich die Abgeordneten eine Woche später auf dem Ütliberg, wo in einer von Zuversicht und Melancholie gemischten Stimmung vom alten Zürich Abschied genommen wurde. Bewegten Wortes schildert das ein Teilnehmer: «Der grosse Saal des Restaurants auf dem Kulm umschloss nun bald eine fröhliche Tafelrunde ... Brausend erscholl das Hoch der Gäste, und hell klangen die Gläser aneinander ... Mächtig brach die Begeisterung sich Bahn ... Golden strahlte indessen das Abendrot durch die Fenster, und nach Beendigung eines gemeinsamen Kantus strömte alles hinaus, um einen Sonnenuntergang zu schauen, wie ihn in solcher Pracht keiner der Anwesenden jemals gesehen. Als die Feuerkugel hinter den Bergen versunken war, blieb jeder wie gebannt auf dem Platze stehen ...» Ergriffen stimmten die Männer einen Gesang an, das alte Kinderlied von der goldenen Abendsonne. Und der Zeitgenosse fügt bei: «... nicht alle sangen mit. Ernst und schweigend standen einige der Abgeordneten am Geländer der Terrasse, ganz versunken in das Bild der scheidenden Sonne, und jeder wusste, was der andere in diesem Augenblicke dachte und empfand: Ja, so scheiden wir von dir, du liebes altes Zürich, schmerzbewegt und doch hochgemut, und wenn einmal, so gilt es heute: Was vergangen, kehrt nicht wieder/Aber ging es leuchtend nieder/Leuchtet's lange noch zurück ...»

Zurück zum nüchternen Alltag: Die Stadtvereinigung, die am 1. Januar 1893 vollzogen wurde, ist die grosse Zäsur in der Geschichte Zürichs am Übergang vom 19. zum 20. Jahrhundert. Das Jahr markiert nicht nur die Entstehung der ersten modernen Grossstadt der Schweiz als eines auch politisch und verwaltungstechnisch geschlossenen Ganzen, sondern gleichzeitig vollzog sich auch eine tiefgreifende Umstrukturierung der parteipolitischen Gruppierungen. Diese war aber nur das Spiegelbild der sich seit der Mitte des 19. Jahrhunderts abzeichnenden sozialen Umschichtung. Dank den günstigen Arbeits- und Verkehrsbedingungen waren jährlich Tausende von Neuzuzügern aus allen Teilen der Schweiz, ja auch aus dem nahen und fernen Ausland nach Zürich und seinen Vororten gekommen, hatten sich hier niedergelassen und sollten nun integriert werden. Noch aber wirkten, vor allem in der eigentlichen Stadt, trotz weitgehender Demokratisierung, die alten, bis ins Ancien régime zurückreichenden Formen bestimmend auf das politische Leben. Sie sinnvoll den neuen Gegebenheiten anzupassen, wurde zur nicht leicht zu bewältigenden Hauptaufgabe. Denn die Bevölkerungsexplosion drohte dem rasch alle Grenzen sprengenden Zürich das Schicksal anderer Grossstädte des Auslandes zu bereiten: unkontrolliertes Heranwachsen einer amorphen Masse ohne organische Gliederung, anfällig für extreme Parolen und wegen ihrer sozialen Labilität unberechenbar in ihren Reaktionen.

Die Abstimmungsergebnisse (in Prozenten) der Aussengemeinden und der Stadt Zürich beim Entscheid über das Zuteilungsgesetz (Stadtvereinigung) vom 9. August 1891.

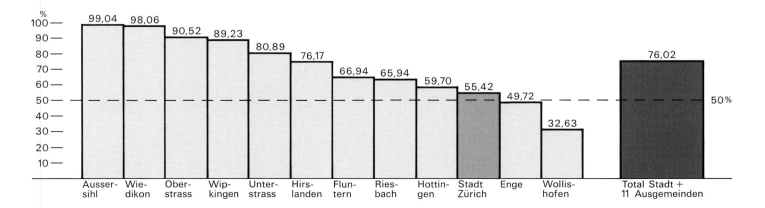

Liberale kontra Demokraten

Der politische Alltag wurde seit der demokratischen Bewegung der späten sechziger Jahre und der Revision der kantonalen Verfassung von 1869 bestimmt durch den parteipolitischen Gegensatz zwischen den Liberalen und den Demokraten. Diese Parteikämpfe hatten ihren Höhepunkt erreicht in den siebziger Jahren, als die Konfrontation sich über das Ideelle hinaus in die Bereiche der Wirtschaft und der regionalen Gegensätze erweiterte. Von ihrer Hochburg in der Stadt Winterthur aus suchten die Demokraten durch eine aggressive Wirtschafts- und Verkehrspolitik die Stellung Zürichs als Metropole des Kantons zu erschüttern. Hauptangriffsziel war die Person des liberalen Führers Alfred Escher und dessen Machtstellung im wirtschaftlichen Leben, Mittel in diesem Kampf war die Eisenbahnpolitik, mit der man den verhassten Gegner auf einem Felde zu schlagen hoffte, in dem er bisher selbst fast unumschränkt dominiert hatte. Die phantastische Idee einer «Nationalbahn» vom Bodensee bis zum Lac Léman, die Zürich in ihrer Streckenführung bewusst links liegen liess, endete jedoch rasch in einem Fiasko und in dem Strudel der Wirtschaftskrise der späteren siebziger Jahre, welche auf die Spekulationswut und die überbordende wirtschaftliche Euphorie der Zeit unmittelbar nach dem Deutsch-Französischen Kriege folgte.

Die gemeinsame Not begann die Gegensätze zu verwischen, Liberale und Demokraten wurden nach dieser Katastrophe in der Bewältigung der sich aufstauenden Probleme zur Zusammenarbeit gezwungen. Die Zeit der demokratischen Vorherrschaft war endgültig vorbei; beide Parteien hielten sich in ihrer Stärke nun ungefähr die Waage. Eine Praxis der «Checks and balances» bildete sich heraus mit häufigen Wahlabsprachen und eher selteneren Ausmarchungen, die jedoch, gefördert durch das Majorzsystem, weitgehend den Charakter personeller Auseinandersetzungen behielten. Noch waren die Parteien auch nicht so straff organisiert wie heute, die Grenzen fliessend und flexibel. Starke gegensätzliche Strömungen innerhalb beider Gruppierungen machten den Parteiführungen zu schaffen; die Fronten verliefen auch unterschiedlich auf kommunaler, kantonaler oder eidgenössischer Ebene. In der Stadt Zürich hatten sich die Liberalen mit den Konservativen auf ihrem rechten Flügel herumzuschlagen, einer losen Vereinigung, weniger stark durch ihre Organisation als durch eine Vielzahl profilierter Persönlichkeiten, oft herstammend aus den alten herrschenden Geschlechtern Zürichs. Umgekehrt marschierten am linken Flügel der Demokraten die Grütlianer und die Sozialdemokraten, mit ihrem weitgespannten Programm sozialer Forderungen sich für die Interessen der ständig wachsenden Fabrikarbeiterschaft einsetzend, stark geprägt von humanitären und frühsozialistischen Idealen und noch wenig durchdrungen von den Gedanken Karl Marx' und Friedrich Engels', allein zu schwach, um sich in den Wahlen durchzusetzen, und deshalb auf die Hilfe aus den Reihen der Demokraten angewiesen.

Soziale Umschichtung – neue Gegensätze

Diese parteipolitische Szenerie blieb noch lange stabil, auch als die rasche Bevölkerungsvermehrung die soziale Kluft bereits stark erweitert hatte. In dem schon früh von demokratischem Gedankengut geformten gesellschaftlichen Leben der Schweiz hatte schon immer ein stark egalitärer Zug geherrscht; anders als in den umliegenden Monarchien waren die Standesunterschiede von je eher unscharf, und sie waren auch immer wieder verwischt worden. Im Laufe der Demokratisierung des staatlichen Lebens hatte man in Verfassung und Gesetz diese Unterschiede weiter abgebaut; jetzt aber drohten sie plötzlich unter dem Druck der Industrialisierung in anderer Form, im Gegensatz zwischen reich und arm, zwischen Kapitalist und Proletarier, neu zu erstehen. Die Industrie florierte, und in der Innenstadt kündeten die sich rasch vermehrenden Bankgebäude von wachsendem Reichtum. An den Hängen des Zürichberges und an den Ufern des Sees wurden die schönsten Wohnlagen dominiert von den Villen der Wohlhabenden, unter denen mancher Spekulant und Glücksritter einen wenig landesüblichen Prunk entfaltete. Dagegen herrschte in den freudlosen, rasch zusammengebauten Strassenzügen jenseits der Sihl Enge, Bedrängnis, ja materielle Not. Zwar waren alle diese Gegensätze nicht so ausgeprägt und explosiv wie in andern Ländern, aber sie wurden in den letzten drei Jahrzehnten des 19. Jahrhunderts zunehmend grösser. Lange war der schweizerische Fabrikarbeiter, bedingt durch die besondere Struktur der schweizerischen Industrie, noch immer Landschaft und Scholle verbunden geblieben; nun drohte auch er im Zuge der raschen Bevölkerungskonzentration in den grossen Städten entwurzelt und zum Lohnsklaven degradiert zu werden. Der politisch engagierte Zürcher Arzt Fritz Brupbacher, einer der Führer eines extrem linken, der Anarchie zuneigenden Flügels der Sozialdemokraten, berichtet über seine Tätigkeit in Aussersihl um 1900: «Das Quartier, in dem ich arztete, war eines der ärmsten der Stadt. Und der Beginn meiner Tätigkeit fiel gerade in eine Zeit grosser Arbeitslosigkeit. Da sah man viel Elend. In jenen Zeiten hatten die Leute auch noch viel mehr Kinder als heutzutage. Und je ärmer sie waren, um so mehr Kinder hatten sie. Wenn man an den Winterabenden seine Besuche in den Arbeiterwohnungen machte, so lag gewöhnlich die ganze Gesellschaft im Bett in der Dunkelheit, um Heizung und Licht zu sparen.»

Der Kampf um materielle und soziale Besserstellung hatte jedoch damals längst begonnen. Die Erkenntnis, dass überlange Arbeitszeiten, Kinderarbeit und miserable Wohn-

verhältnisse sich verheerend auf die Gesundheit kommender Generationen auswirken, dass schlechte Entlöhnung und hohe Mieten in Spekulationsbauten die sozialen Spannungen schüren und zur Aufstauung von Ressentiments und Hass führen würden, hatten Weitsichtige schon früh erkannt und auch tätig Abhilfe zu schaffen gesucht, sei es in der Verbesserung der Arbeitsbedingungen oder in der Errichtung preisgünstiger gesunder Wohnungen. Gottfried Keller hat anfangs der sechziger Jahre, als mit der Textilindustrie um die Reduktion der Kinderarbeit von dreizehn auf zwölf Stunden täglich gerungen wurde, warnend seine Stimme erhoben: «Der denkende und menschenfreundliche Staat», schreibt er 1861 in einem Zeitungsartikel, «mit seinem pflichttreuen Blick in die Zukunft, sieht fünfzig Jahre weiter und erblickt ein verkümmertes Geschlecht überall, wo rädertreibende Wasser laufen, welches ihm weder taugliche Verteidiger noch unabhängige, auch nur zum Schein unabhängige Bürger mehr liefert; er berechnet, wie lang der Tag ist für das unruhige Kinderherz, das sich krümmt und wendet, bis es sich allmählich ergibt, um in einem verfrühten Geschlechtsleben eine neue Generation hervorzubringen, an der schon bedeutend weniger zu zähmen ist; er berechnet, wie vielleicht gerade die dreizehnte Stunde, dreihundertmal jährlich wiederkehrend, die Stunde zu viel ist, welche die Lebensfrische retten könnte, und er bettelt bei der Baumwolle um diese einzige Stunde ... Allein die ‹Baumwolle› niggelet stetsfort mit dem Kopfe, den Kurszettel der Gegenwart in der Hand, indem sie sich auf die ‹persönliche Freiheit› beruft, während sie wohl weiss, dass der Staat in kirchlichen, pädagogischen, polizeilichen, sanitarischen Einrichtungen oft genug diese persönliche Freiheit zu beschränken die Macht hat, und dass die Quelle, aus welcher diese Macht fliesst, nicht versiegen kann. Sie wird niggelen mit dem Kopfe, bis der Staat einst sein Recht zusammenrafft und vielleicht nicht nur eine Stunde, sondern alle dreizehn Stunden für die Kinder wegstreicht.» 1877 wurde im eidgenössischen Fabrikgesetz die Kinderarbeit tatsächlich verboten, nachdem schon einzelne Kantone richtungweisend vorangegangen waren. Aber noch dauerte es Jahrzehnte, ehe die Schulpflicht endlich so ausgedehnt wurde, dass zwischen Schulentlassung und Antritt der Lehre keine Lücke entstand – noch bei der Eingemeindung von 1893 war ein entsprechender Passus des Zuteilungsgesetzes dem Volk separat zur Abstimmung vorgelegt und eindeutig verworfen worden.

Wachsende soziale Probleme und der sich erweiternde Gegensatz zwischen den Klassen waren die starken Triebfedern für den Aufstieg der Sozialdemokratie. Durch die Stadtvereinigung von 1893 erhielt die Partei zusätzliche Impulse; sie fand in der weitausgreifenden Stadtgemeinde ein besseres und konzentrierteres Betätigungsfeld als in der Zersplitterung der zwölf Ortschaften zuvor. Dass dies so kommen würde, war kaum überraschend; ein gewichtiges Argument der Opposition gegen die Eingemeindung war neben anderem die Befürchtung gewesen, dass in dem neuen Gemeinwesen die Arbeiterbevölkerung mit ihrem rasch und kontinuierlich wachsenden Anteil an der Gesamteinwohnerschaft bald das Übergewicht erlangen und es auch politisch werde auswerten können. Triumphierend hatte schon 1891 die deutsche sozialdemokratische Presse die bevorstehende Stadtvereinigung begrüsst: «Aus der Schweiz», so schrieb ein Blatt, «kommt die auch für uns erfreuliche Nachricht, dass Zürich, die Hochburg der Bourgeoisie, endlich in den Händen unserer Partei liegt. Es wurde endlich vom Volk des Kantons Zürich die zwangsweise Vereinigung der störrischen und zöpfischen Altstadt mit dem weit bevölkerten Aussersihl beschlossen» – ein Kommentar, der nicht nur die Tatsachen leicht schief darstellt, sondern auch der Entwicklung weit vorauseilt (erst 1928 erhielten die Sozialdemokraten in der stadtzürcherischen Exekutive die absolute Mehrheit). Der Trend allerdings war richtig angedeutet. Zürich wurde zu einem Brennpunkt der schweizerischen Sozialdemokratie. Die politischen Fronten verlagerten sich nach 1893 mehr und mehr weg vom alten Gegensatz Liberale kontra Demokraten zur neuen und bis heute das politische Leben bestimmenden Konfrontation zwischen bürgerlichen Parteien und Sozialdemokratie.

Auf bürgerlicher Seite wurde schon vor der Stadtvereinigung versucht, die Konsequenzen aus dieser sich anbahnenden Entwicklung zu ziehen und zu versuchen, mit Liberalen und Demokraten mittlerer Richtung ein starkes politisches Zentrum aufzubauen. Die Liberalen sollten dabei gegen die Konservativen eine deutliche Grenze ziehen, die Demokraten Grütlianer und Sozialisten abstossen. Im liberalen Lager kämpften vor allem der damalige «NZZ»-Redaktor Walter Bissegger und Forstmeister Ulrich Meister, beides prägnante Köpfe der Zürcher Politik und Mitglieder des Nationalrates, für die Schaffung einer solchen freisinnig-demokratischen Partei. Sie stiessen bei den Demokraten jedoch nur vereinzelt auf ein positives Echo; vor allem Rechtsanwalt Theodor Curti, profilierter und einflussreicher Spitzenpolitiker der Demokraten, opponierte dieser Öffnung nach rechts (für die sich hingegen der spätere Bundesrat Ludwig Forrer aus Winterthur entschieden einsetzte). So kam es nicht zu der angestrebten Vereinigung auf breiter Basis. Selbst innerhalb der liberalen Gruppe vermochte die Idee einer Sammlung zur Mitte hin nicht völlig durchzudringen. Zwar bildete sich 1892 im Hinblick auf die bevorstehende Eingemeindung die Freisinnig-Demokratische Partei der Stadt Zürich, aber das Verhältnis zu den Konservativen blieb in der Schwebe. Viele Liberale wollten aus taktischen Motiven nicht auf die Zugkraft verzichten, welche die Namen mancher Parteigänger der Konservativen in Wahlen bedeutete. So blieb es auf bürgerlicher Seite mehr oder minder beim alten, bei der bisherigen Zusammenarbeit von Fall zu Fall, gemeinsamen Wahlempfehlungen und -absprachen. Freilich vermochten es die Freisinnigen nicht zu verhindern, dass sich nach diesen Umstrukturierungsversuchen auf ihrem rechten Flügel eine lockere Gruppe bildete, der Gemeindeverein, in dem sich Konservative und Rechtsfreisinnige zusammenfanden, um ihre gemeinsamen Interessen gegen einen befürchteten Linkstrend zu wahren. Zusammen mit dem ihr nahestehenden Publikationsorgan, der «Freitagszeitung», verschwand die Vereinigung erst unmittelbar vor dem Weltkrieg, ohne dass jedoch ihre Spuren völlig verwischt worden wären. Konservative Gesinnung und altzürcherische Tradition lebten in den Reihen des Zürcher Freisinns weiter.

Anfänge des Sozialismus

Schärfer und klarer hingegen war die Abgrenzung auf dem linken Flügel der Demokraten. Sie hofften, durch Hinhalten der Liberalen bei der versuchten Konzentration zur Mitte hin sich selbst eine grössere Bewegungsfreiheit zu erhalten und künftig weiter zwischen Freisinnigen und Sozialdemokraten lavieren zu können. Aber längst hatten sich die Sozialdemokraten als eigenständige politische Kraft fest etabliert. Sozialistisches und kommunistisches Gedankengut war in Zürich schon in den vierziger Jahren durch den Magdeburger Schneider Wilhelm Weitling verbreitet worden. Später hatte Johann Jakob Treichler sozialistische Thesen verkündet, ehe er auf die andere Seite hinüberwechselte und Professor und Regierungsrat wurde. Von 1852 bis 1855 und dann wieder seit 1868 sass im kantonalen Parlament der eigenwillige Karl Bürkli, Angehöriger eines alteingesessenen Geschlechtes, der sich an den Ideen Fouriers begeisterte, die er vergeblich im fernen Texas zu verwirklichen gesucht hatte, und der nun, nach Zürich zurückgekehrt, mit seinen auflüpfischen Parolen ein bestauntes, verspottetes und auch gehasstes Enfant terrible der Politik war.

Entscheidende Anstösse zu einer festeren Verankerung sozialistischer Ideen kamen jedoch von deutschen Zugewanderten, vor allem von Herman Greulich. 1867 wurde eine Sektion der Internationalen ins Leben gerufen; sie kämpfte für ein besseres Fabrikgesetz, ein eigenes Publikationsorgan wurde geschaffen, die «Tagwacht», und im Frühjahr 1870 eine Parteiorganisation gegründet. Im «Grünen Hüsli» gegenüber dem gedeckten Brüggli in der Nähe des Bahnhofes, wo sich das Hauptquartier der Partei befand, traf sich bald eine bunte Schar von Sozialisten, Kommunisten und Anarchisten aus aller Herren Ländern zu erregten Debatten. Das alles war noch nichts Festgefügtes, ebensowenig wie die ersten Ansätze zu Gewerkschaftsbildung unter den Arbeitern. Die Partei hatte manche Krisen zu bewältigen. Politisch agierte sie zunächst völlig im Windschatten der mächtigen demokratischen Bewegung; von ihr distanzierte sie sich erst im Zeichen der schweren Krise der Nationalbahn Ende der siebziger Jahre. Kurz zuvor war 1877 das eigenössische Fabrikgesetz angenommen worden, ein für die damalige Zeit fortschrittliches Werk mit Elfstundentag und Verbot der Kinderarbeit – alles Postulate, für die sich die Sozialdemokraten seit Jahren eingesetzt gehabt hatten und deren Durchbruch sie nun als Erfolg ihrer Idee feiern konnten. Innere Streitigkeiten warfen die Partei in den achtziger Jahren wieder zurück; aber neue Impulse kamen von aussen: die von Bismarck durch die Sozialistengesetze aus Deutschland vertriebenen Genossen suchten in der Schweiz Zuflucht; Zürich wurde für einige Zeit zum Hauptasyl der deutschen Sozialdemokraten; hier erschien das Parteiorgan der SPD; hier wohnte auch während langer Jahre August Bebel; erneut prägte der deutsche Einfluss Gedanken und Weltbild der schweizerischen Gesinnungsgenossen. Ende der achtziger Jahre erfolgte die Neugründung der Partei, gleichzeitig wurde ein schweizerisches Arbeitersekretariat geschaffen, und die ersten Sozialdemokraten zogen in die Parlamente ein. In Zürich errang die Partei 1890 das erste Nationalratsmandat (von damals 14), in der 118köpfigen Abgeordnetenversammlung, welche 1892 die Gemeindeordnung für die erweiterte Stadt Zürich auszuarbeiten hatte, verfügten die Sozialdemokraten über 11 Vertreter. In den Wahlen in das städtische Parlament steigerten die Sozialdemokraten ihren Anteil kontinuierlich, in der Exekutive stellten sie zunächst einen, dann zwei, seit 1907 schliesslich vier Stadträte des Neunerkollegiums.

Zürich III wird rot

Der grosse Erfolg für die Linke kam in den Kantonsratswahlen von 1902; er signalisierte auch gleichzeitig eine Verschärfung des innenpolitischen und gewerkschaftlichen Kampfes. Bisher hatten die Sozialdemokraten bei den Wahlen mit den andern Parteien Absprachen getroffen, und die Mandate wurden in einer Art freiwilligen Proporzes aufgeteilt. Dieses Mal gab es jedoch keine Einigung; Bürgerliche und Sozialisten gingen auf Kollisionskurs. Umstritten war der stadtzürcherische Kreis III, die früheren Gemeinden Wiedikon und Aussersihl, die nun zu «Proletarierquartieren» geworden waren, so dass die Sozialdemokraten auf einen überwältigenden Sieg hoffen durften; entsprechend dem Majorz ging es um alles oder nichts. In einem heftigen Wahlkampf, allegorisch zur neuen Schlacht bei Sankt Jakob an der Sihl emporstilisiert, schlugen die Sozialisten erstmals ihre bürgerlichen Gegner, erhielten sämtliche 27 Mandate des Kreises, und als die Verlierer die Wahl durch den Kantonsrat kassieren liessen, gewannen die Sozialdemokraten die Neuwahl mit einem noch grösseren Vorsprung als im ersten Umgang. Zürich III war rot geworden. Von nun an verliefen die parteipolitischen Fronten entlang den Grenzen der einzelnen Stadtkreise – vier bürgerliche und ein sozialistischer –, und so blieb es, bis 1913 die Einführung des Proporzes eine Neuverteilung der Sitze mit sich brachte, freilich auch einen weiteren, wenn auch nur verhältnismässig schwachen Zuwachs für die Sozialdemokraten.

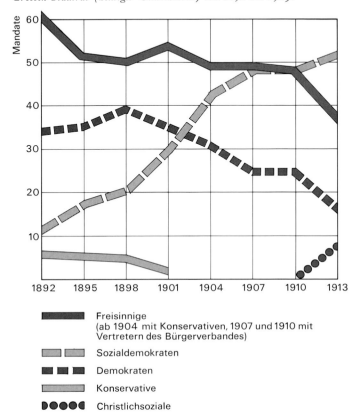

Die Parteistärken (in Mandaten) im stadtzürcherischen Parlament, dem Grossen Stadtrat (heutiger Gemeinderat) von 1892 bis 1913.

Freisinnige (ab 1904 mit Konservativen, 1907 und 1910 mit Vertretern des Bürgerverbandes)
Sozialdemokraten
Demokraten
Konservative
Christlichsoziale

So begann das neue Jahrhundert im Zeichen härterer sozialer und politischer Kämpfe, und sie steigerten sich bis zum Ausbruch des Weltkrieges in eine für die Schweiz ungewohnte Schärfe hinein. Das Tempo der äusseren Entwicklung der Stadt aber hielt unvermindert an. Die Technik mit ihrem akzelerierenden Vordrängen eröffnete immer neue Perspektiven. Das Telefon, ursprünglich von vielen als reine Spielerei abgetan, schuf erweiterte Möglichkeiten rascher Kommunikation; nach dem Gas wurde die Elektrizität zum immer wichtigeren Energieträger; die Strassenbahn verdichtete ihr Netz, und die einzelnen Gesellschaften gingen in städtische Regie über. Auf den Strassen, die man zu asphaltieren begann, erschienen die ersten Autos, in ihrer lärmenden und stinkenden Hilflosigkeit zunächst noch verlacht oder beschimpft, und kaum jemand ahnte im Gewimmel von Droschken und Pferdefuhrwerken, dass innerhalb von ein paar Jahrzehnten das Auto diese mit ungebremster Radikalität zum Verschwinden bringen würde. Und während noch Kapitän Spelterini von seinem Ballon aus die ersten Luftaufnahmen von Zürich machte und das Volk zum Gordon-Bennett-Wettfliegen nach Schlieren hinaus strömte, kreuzten bereits die lenkbaren Luftschiffe des Grafen Zeppelin über der Stadt, und die Enthusiasten der kommenden Luftfahrt trafen sich beim ersten Flugmeeting in Dübendorf.

Dem Fortschritt schien keine Grenze gesetzt. Noch immer dehnte sich die Stadt aus; ihre Bevölkerung überschritt die Zahl von 200 000; der Bauboom hielt ebenso an in den neuen Quartieren wie in der Innenstadt, wo der Ötenbachhügel abgetragen und ein breiter Durchbruch von der Mühlegasse zur Bahnhofstrasse eröffnet wurde, um den sich die neuen Amtshäuser der Stadtverwaltung gruppierten, überragt vom Turm der Urania-Sternwarte. Als Insel der Vergangenheit blieb lediglich das Schipfequartier bestehen, aber auch es war bereits dem Abbruch geweiht, fixfertige Pläne für einen monumentalen Umbau rings um den Lindenhof lagen vor, und nur der Krieg hat verhindert, dass sie ausgeführt wurden. Auf einer Terrasse über dem Hirschengraben entstand neben dem Semperschen Polytechnikum das neue Universitätsgebäude; es setzte mit seinem massigen Turm einen ebenso wichtigen Akzent in das neue Stadtbild wie die mittelalterliche Burg des Landesmuseums beim Bahnhof.

Streiks als politische Waffe

Hinter dieser glänzenden Fassade jedoch vollzog sich die Radikalisierung des politischen und sozialen Lebens. Streiks und Aussperrungen als Mittel des Arbeits- und Lohnkampfes hatte es schon früher gegeben, aber seit Ende der neunziger Jahre wurde der Ton, in dem sie geführt wurden, zunehmend unnachgiebiger und unversöhnlicher. 1897 konnte ein Streik bei der Nordostbahn erst nach 40stündiger Dauer durch Vermittlung des Bundesrates beigelegt werden; 1905 traten die Maurer und Handlanger wegen Arbeitszeit- und Lohnforderungen in den Ausstand; nach der Entlassung eines Arbeiters im Gaswerk kam es zu harten Debatten, die in der Drohung mit dem Generalstreik gipfelten. 1906 führte ein Streik in einer Autofabrik in Albisrieden zu so schweren Zwischenfällen, dass Truppen aufgeboten werden mussten. Längst waren die Streiks zu einem Instrument des politischen Kampfes geworden. 1912 brach tatsächlich der längst angekündigte Generalstreik aus, herausgewachsen aus einem Lohnkonflikt im Maler- und Schlossergewerbe; am 12. Juli, einem Freitag, wurde der öffentliche Verkehr in Zürich lahmgelegt, keine Trams fuhren aus den Depots, in vielen Betrieben ruhte die Arbeit, und wieder musste die Armee zu Hilfe gerufen werden, da sich eine Machtprobe zwischen Streikleitung und Behörden anzubahnen schien und

Wahlbroschüre der bürgerlichen Parteien zu den Kantonsratswahlen von 1902.

angesichts der gereizten Stimmung Unruhen befürchtet wurden.

Dass in den Jahren vor Kriegsausbruch die Gemüter so erregt und aufgeputscht waren, hatte seine Ursache nur zum Teil in sozialen Missständen. Innerhalb der Sozialdemokratischen Partei hatte sich ein harter Kern von Radikalen gebildet, dem Syndikalismus zuneigend, die den politischen Kampf ausserparlamentarisch in den Betrieben führen wollten und dadurch bald in scharfen Gegensatz zu den Parteiführern gerieten, die zusammen mit dem überwiegenden Teil ihrer Anhängerschaft ihre Ziele auf evolutionärem Wege durch soziale Reformen anstrebten. Die Sozialdemokratie als zahlenmässig stärkste Partei Zürichs war mit ihrer Vertretung in Parlament und Behörden im politischen Leben voll integriert, zahlreiche praktische Erfolge waren bereits errungen worden, vor allem auf den Gebieten von Bildung und Gesundheitswesen, kommunalem Wohnungsbau, Versicherungen und Fürsorge. Die meisten der führenden Sozialdemokraten hatten erkannt, dass in einem Land, in welchem der politische Wille der Mehrheit sich jederzeit an der Urne bilden und kundmachen kann – so formulierte es Greulich –, es eine verhängnisvolle Verkennung der Tatsachen gewesen wäre, auf eine Revolution zu hoffen, und ein falscher Weg, eine solche vorzubereiten.

Aber dieser gemässigten Richtung stand ein extremer Flügel gegenüber, der seine zahlenmässige Schwäche durch laute Agitation zu übertönen suchte. Das Programm, das sich die Sozialdemokratische Partei 1904 gab, trug prägnant marxistische und klassenkämpferische Züge, antimilitaristische und religionsfeindliche Tendenzen wurden immer stärker. Politische Flüchtlinge aller Couleurs fanden in dem gastlichen Zürich Asyl, und sie mühten sich, eine revolutionäre Situation zu schaffen. Hier tummelten sich damals, wie der anarcho-syndikalistische Arzt Brupbacher schreibt, «auf dem Hintergrund von etwa 200 000 Bürgern und verbürgerlichten Arbeitern tausend Geister aus aller Herren Ländern: russische Menschewiki und Bolschewiki, revolutionäre Syndikalisten und Anarchisten aus Italien, Polen, Deutschland, Russland, Österreich. Marx-, Bakunin-, Kropotkin- und Stirner-Bazillen schwirrten nur so in der Luft herum. Was alles gärte in Europa, sandte auch einen Vertreter zu dem roten Völkerbund in Zürich!» In der «Eintracht» am Neumarkt trafen sich die Gemässigten im trauten Kreise, über dem noch ein Hauch einstiger Wanderburschenromantik lag. Härter und unerbittlicher aber tönte es in den Massenversammlungen im Wiedikoner Velodrom oder auf der Rotwandwiese (wo heute das Bezirksgebäude steht), dem traditionellen Aufmarschplatz der Linken vor 1914, eine Rolle, die später der nahegelegene Helvetiaplatz übernehmen sollte, wo 1910/11 das Volkshaus erbaut worden war, das organisatorische Zentrum von Partei und Gewerkschaften. Fritz Brupbacher, immer profilierter einer der schärfsten Einpeitscher der Radikalinskis, rief einmal dem zu Besinnung mahnenden Herman Greulich entgegen, man müsse auf der Strasse demonstrieren, um die Arbeiter zum Widerstand gegen die Staatsgewalt zu gewöhnen, ja er forderte geradewegs zur Bildung von Arbeitergarden auf. Der aus Deutschland nach Zürich gekommene Willi Münzenberg organisierte seit 1911 die Jungburschen zu einer Art «Speerspitze der sozialistischen Revolution», und die hemmungslose Aktivität dieser Jugendgruppe drohte mehr und mehr den reformerischen Kurs der Parteiführung in umstürzlerische Bahnen zu lenken. Landesstreik von 1918 und Parteispaltung von 1920/21 kündigten sich schon vor 1914 an.

Dieser lärmende Extremismus, dessen lauteste Wortführer neben einigen Schweizern auch zahlreiche Ausländer waren, zielte ab auf die Fundamente des demokratischen Rechtsstaates, und er rief auf bürgerlicher Seite entsprechend scharfe Reaktionen hervor. 1905 bildete sich nach einer Massenversammlung in der Börse der Bürgerverband. Sein Ziel war es, nicht nur der chronisch werdenden Streikbewegung entgegenzutreten, sondern auch in aggressiver Form die Interessen von Unternehmern und Gewerbetreibenden wahrzunehmen, welche die Hauptzahl seiner Mitglieder stellten. Die noch immer den Staat tragenden bürgerlichen Parteien gerieten durch diese Neugründung in einen peinlichen Konflikt. Einerseits sympathisierten viele ihrer Mitglieder mit den forschen Parolen des Bürgerverbandes, und die Stimmung in weiten Kreisen der Bevölkerung bis tief in die Arbeiterschaft hinein war erregt über die unaufhörliche Agitation berufsmässiger Revoluzzer auf der Linken; anderseits aber trat der Bürgerverband bald mit eigenen Wahlempfehlungen auf und schickte Vertreter in die Parlamente; er entzog den traditionellen Parteien Stimmen und Wähler, so dass Freisinnigen wie Demokraten nichts anderes übrig blieb, als einen klaren Trennstrich zwischen sich und dem Bürgerverband zu ziehen. Das hinderte freilich nicht, dass die neue politische Gruppierung, gerade weil sie sich als eine Art überparteilicher Bewegung gab, starken Zulauf erhielt. Die direkte und unverblümte Sprache der Bürgerverbändler, ihre scharfe Kritik an den gegenüber den Übergriffen radikaler Hitzköpfe der Linken angeblich «schlappen» Behörden erhielt immer wieder begeisterten Applaus. Nach dem Generalstreik von 1912 organisierte der Bürgerverband in der Tonhalle eine Massenkundgebung, in der eine gründliche Abrechnung mit den Drahtziehern des Ausstandes gefordert wurde; der Regierung hielt man vor, es sei für sie beschämend, «dass ein paar fremde und einheimische Gesellen und Berufsklassenkämpfer imstande sind, sich die Macht und Befugnisse der öffentlichen Gewalt anzueignen ... und im Namen eines sogenannten Massenwillens, dessen bewusste und entschlossene Vertreter wenig über 200 Mann zählen, mit einem Anhang von 20 000 mehr oder weniger freiwilligen

Arbeiter, heraus!

Um den Streik der Schlosser und Maler zu erwürgen, hat das Unternehmertum **Berufsstreikbrecher** aus Deutschland importiert, die, von einem Teil der Unternehmer mit Revolvern und Dolchen ausgerüstet, für die gesamte Bevölkerung gefährliche Elemente sind. Das beweisen die Vorkommnisse der letzten Tage. Die Regierung, auf diese Tatsachen aufmerksam gemacht, hat als Antwort vom Stadtrat ein Streikpostenverbot erzwungen.

Arbeiter! Zum Protest gegen diese Parteinahme der Behörden, zum Proteste gegen die Einfuhr berufsmäßiger Streikbrecher rufen wir Euch auf

zum 24stündigen Generalstreik
auf heute Freitag den 12. Juli.

Arbeiter! Verlaßt für heute die Arbeit in Ruhe und Ordnung. Ernst und würdig soll unser Protest sein. Wir appellieren dringend an Eure Disziplin, an Eure Einsicht! Erinnert Euch an die kraftvolle Ruhe der schwedischen Arbeiterschaft. Meidet wie sie alle alkoholischen Getränke!

Unterlaßt jede Sonderaktion vor den bestreikten Werkstätten!

Erscheint am Freitag, morgens 9 Uhr zur
Protest-Versammlung
auf der Rotwandwiese!

Hier werdet Ihr weitere Mitteilungen erhalten!
Am Samstag morgen wird die Arbeit wieder aufgenommen!

Vorstand u. Delegiertenversammlung der Arbeiterunion Zürich.

Genossenschaftsdruckerei Zürich.

Flugblatt zum Generalstreik von 1912.

Mitläufern die Diktatur des Proletariates auszuüben». Im Gegensatz zu den Linksextremisten strikt legal, suchte der Bürgerverband auf dem Wege von Initiativen den Behörden grössere Kompetenzen zum Eingreifen bei Streikunruhen zu verschaffen. 1908 wurde ein solcher Vorstoss, der entsprechend verschärfte Bestimmungen des Strafgesetzbuches vorsah, in der Volksabstimmung gutgeheissen. 1913 folgte nach dem Generalstreik des Vorjahres eine weitere ähnliche Initiative des Bürgerverbandes, der im gleichen Jahr auch als eigene Fraktion mit neun Mann in den Grossen Stadtrat einzog. Die Spirale sozialer und politischer Verhärtung drehte sich weiter.

Der Krieg von 1914

Mit dem Weltkrieg des Jahres 1914 endet auch für Zürich eine Epoche. Plötzlich erscheinen viele Probleme, die zuvor von drängender Wichtigkeit gewesen waren, in anderen Perspektiven. Klassengegensätze werden plötzlich – für den Moment zumindest – nicht mehr als so bedeutsam und unüberbrückbar empfunden. Der Krieg gibt der Stadt ein neues Gepräge, er wirbelt Menschen und Schicksale durcheinander. Ein grosser Exodus setzt ein, über dreissig Prozent der Einwohnerschaft sind Ausländer, viele von ihnen, Deutsche, Österreicher, Franzosen, kehren in ihre Heimatländer zurück. Auch die Schweiz mobilisiert. Die Stadt wird leer. Ungewissheit und Unsicherheit herrschen. Eine Hamsterwelle geht durch die Städte. Lebensnotwendige Waren werden knapp; die Rationierung beginnt. Jeder sucht in diesen Tagen sein Papiergeld, dem er nicht mehr traut, loszuwerden und es einzutauschen in harte, wertbeständige Gold- und Silbermünzen. Eine Verdunkelung wegen Fliegergefahr kennt man zwar damals noch nicht, aber trotzdem gehen auch in Zürich die Lichter aus. Sparmassnahmen überall, die Strassenlaternen brennen niedriger und spärlicher, das Tram verkehrt nur noch in grossen Intervallen, die privaten Autos und anderen Motorfahrzeuge verschwinden von den Strassen, die Schweizerischen Bundesbahnen führen einen Kriegsfahrplan ein, Schnellzüge gibt es nicht mehr, das Telefon wird überwacht. Die Ladengeschäfte schliessen früher, für Wirtschaften wird die Polizeistunde zunächst auf elf Uhr abends, dann auf Mitternacht festgesetzt, und es wird fast fünfzig Jahre dauern, ehe sie wieder gelockert wird. Fern erscheint die Zeit, da man sorglos flanierte, an den See, zum Platzspitz, ans Sechseläuten, Knabenschiessen oder zum Rummelplatz ging. Erst zwei Jahre waren vergangen, seit der deutsche Kaiser in Zürich mit Begeisterung begrüsst worden war, und von hier aus hatte er sich zu den Herbstmanövern der Schweizer Armee nach dem sankt-gallischen Wil begeben. Nun war aus dem prächtigen militärischen Spiel von einst blutiger Ernst geworden.

Verklungen aber auch sind die Fanfaren der internationalen Solidarität der Arbeiterschaft, die überall in Europa zu den Fahnen geeilt ist, um das Vaterland zu verteidigen. In Zürich zurück bleibt ein zusammengeschmolzener Haufe von Emigranten, verwirrt zunächst und verunsichert ob dem so unerwartet in allen Ländern ringsumher aufbrechenden patriotischen und chauvinistischen Taumel. Die grossen sozialen Fragen und die kleinen politischen Zänkereien treten plötzlich zurück vor den Anforderungen, die der Alltag des Krieges auch im neutralen Land von dem einzelnen Bürger fordert. Es wird zwar nicht lange dauern, und die alten Gegensätze werden wieder da sein und sich noch akzentuieren. Von Zürich aus wird Lenin 1917 nach Russland fahren und dort der Revolution eine neue radikale Richtung geben, während seine schweizerischen Anhänger und Bewunderer erneut von der kommenden Umwälzung auch in ihrem eigenen Lande träumen und sich bei Kriegsende hineinsteigern in die utopische Erwartung des Anbruches einer neuen Zeit. Wenn diese kühnen revolutionären Hoffnungen sich nicht erfüllten, der im November 1918 vom Zaun gebrochene Landesstreik verpuffte und die Wogen des Umsturzes nicht in unser Land hineingriffen, so lag das nicht zuletzt am pragmatischen Sinn, der berechtigte soziale Forderungen ebenso zu erfüllen trachtete, wie er überbordenden Fanatismus an sich abprallen liess. Es lag aber auch an der Stabilität der Institutionen, die vor 1914 herangewachsen waren und die auch in einer Grossstadt wie Zürich den Belastungen des Krieges standzuhalten vermocht hatten. In dem halben Jahrhundert nach 1870 hatte sich ein Integrationsprozess vollzogen, in welchem aus Zürich etwas Neues und anderes geworden war, ohne dass es dabei seine alte Identität verloren hätte. Die Grundlagen für eine harmonische politische und soziale Weiterentwicklung waren über alle Parteien- und Klassengegensätze hinweg noch immer stärker als das Trennende, das vor 1914 so im Vordergrund gestanden hatte und das auch nach 1918 noch lange unterschwellig weiter vibrierte, in den dreissiger Jahren aber schliesslich fast völlig verschwand, als neue äussere und innere Gefahren Bestand und Lebensart unseres Landes bedrohten.

362 Zürichs Zukunft beginnt: Bau der Bahnhoffassade im Sommer 1871

363 Ein ingeniöses Meisterstück: Bau der stützenlosen Bahnhofhalle um 1870

364 *Winterfreuden am Schanzengraben im kalten Januar 1893*

365 *Baugrube für das Amtshaus IV im Frühling 1912*

366 *Verlegung der Rohwasserleitung in den Schanzengraben. Um 1885*

367   Tiefbauarbeiten beim Oberen Mühlesteg. Um 1891

368   Das Rösslitram 1892 am Sonnenquai

369   Sommerwagen der Zürcherischen Strassenbahn 1892 am Talacker

370   Bau eines Telefonmastes im Mai 1889 an der Dreikönigstrasse

371 Letzter Postkutschenkurs Zürich–Maur

372 «Lukmanier» der Zürcher Dampfbootgesellschaft um 1905

373 Letzte Rösslitramfahrt der Strecke Bahnhof–Hornbach. 1900

374 Der Zürcher Bahnhof um die Jahrhundertwende

375 Das Zürcher Rösslitram auf der Münsterbrücke

376 Dampflokomotive «Rigi» um 1865 auf dem Zürcher Vorbahnhof

377 Abbruch der alten Tonhalle. 1896

378 Brand des «Actientheaters» am 1. Januar 1890

379 Brand des Predigerklosters am 25. Juni 1887

380 Eröffnung der Universität am 18. April 1914

381 Glockenaufzug der Augustinerkirche im November 1900

382 Beerdigung Gottfried Kellers am 18. Juli 1890

383 Der Neumarkt im Schmuck zum Eidgenössischen Sängerfest 1905

384 Bau des Stadthauses im Jahre 1899

385 Haupteingang zur Zürcher Landesausstellung im Sommer 1883

386 Der Forstpavillon auf dem Platzspitz kurz vor der Fertigstellung

387 Ein Staatsakt: Eröffnung des Landesmuseums am 25. Juni 1898

388 Am Palais Henneberg entsteht 1900 das anstössige Relief «Bacchantenzug»

389 Vorbereitungen zum Sechseläuten 1898 am Bürkliplatz

390 Einweihung des Zwingli-Denkmals bei der Wasserkirche am 25. August 1885

391 Radrennen in der Enge um 1882

392 Auf der Rennbahn Hardau um 1900

393 Im Winter 1902 erklomm das erste Auto den Uto-Kulm

394 Für Autowettfahrten interessierten sich vor allem Automobilisten

395 Am alten Knabenschiessen um 1890 im Sihlhölzli

396 Eidgenössisches Turnfest 1903

397 Am Eidgenössischen Sängerfest 1905

398 Nautisches Fest des Limmatklubs. 1906

399 Frühschoppen des Studentengesangvereins. 1905

400 Fliegerpionier Kunkler in seinem Eindecker mit Oerlikon-Motor

401 Gérard Legagneux, der Held der Zürcher Flugwochen. 1910

402 Unterer Limmatraum 1904. Luftaufnahme des Ballonpioniers Eduard Spelterini

403 *Parseval-Luftschiff am Gordon-Bennett-Wettfliegen 1909*

404 *Das erste Luftschiff über Zürich am 1. Juli 1908*

405 *Am Startplatz des Gordon-Bennett-Wettfliegens 1909 in Schlieren*

406 Städtischer Eisplatz auf dem Areal der alten Tonhalle. Februar 1914

407 Mietschlitten an der Seegfrörni 1891

408 Seegfrörni 1891. Schneller als mit dem Dampfschiff fuhr man mit dem Velo ins Kontor

409 Seegfrörni 1891. Im Hintergrund Stadttheater im Baugerüst ▶

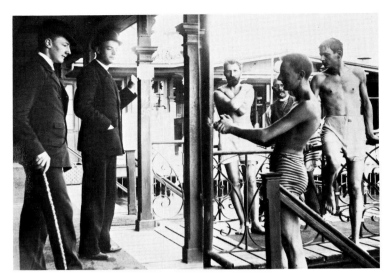

410 *In der Männerbadeanstalt Bürkliplatz am 9. November 1895*

411 *In der Frauenbadeanstalt Belvoir um 1900*

412 *Automobilrennen Paris–Wien*

413 *Automobilstation in der Hardau am 27. Juni 1902*

414 Sonntagsspaziergang am Bürkliplatz

415 Jubiläum des alkoholfreien «Olivenbaum». 1909

416 C. J. Schmidt mit seinem Dampfauto. 1899

417 Der Reporter Theodor Stephan knipst die Bahnhofstrasse. 1896

418 *An der Augustinergasse. 1896*   419 *Am Rennweg. 1900*

420 *Colonialwarengeschäft an der Stampfenbachstrasse. 1901*

421 Soldaten der Bourbaki-Armee im Februar 1871 auf dem Unteren Mühlesteg

422 Kaiser Wilhelm II. besucht das Landesmuseum

423 Kaiser Wilhelm II. nach seiner Ankunft am 3. September 1912 auf dem Bahnhofplatz

424 *Generalstreik 1912. Im Vordergrund mit Fahrrad der Agitator Münzenberg*   425 *Streik in der Automobilfabrik Arbenz im Juli 1906*

426 *Nordostbahnstreik 1897. Bahnarbeiter erwarten den Zug des Bundesrates*

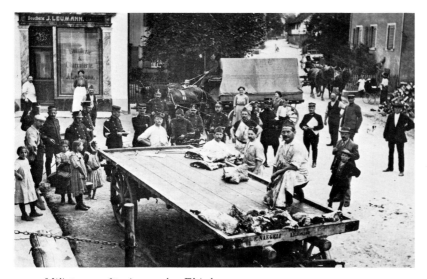

427 *Militär sorgt für eine gerechte Fleischversorgung. 1914*

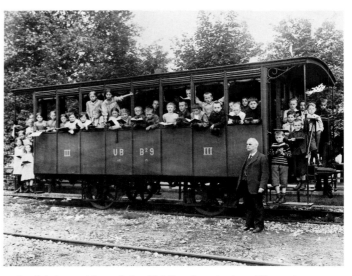

428 *Schulunterricht nach der Mobilmachung in einem Wagen der Ütlibergbahn*

429 *Abgabe von verbilligten Kartoffeln bei der Uraniabrücke (heutige Rudolf Brun-Brücke). 1917*

430 Abfahrt der Truppen zum Grenzschutz. August 1914

431 Verkauf der ersten Kriegsillustrierten am Paradeplatz. Herbst 1914

432 *Landesgeneralstreik November 1918. Innerschweizer Kavallerie vor dem Weissen Schloss*

433 *Truppen halten die Zugänge zum Paradeplatz und zu den Banken besetzt. 9. November 1918*

Walter Baumann   **Bildtexte**

Prunkbauten am Bahnhofplatz

Mit der Einweihung des neuen Bahnhofs im Herbst 1871 verband sich der Wunsch nach einem neuen repräsentativen Quartier ausserhalb der bisherigen Stadtmauern. Es wurde «das schönste der Stadt». Zwischen der Bahnhofstrasse, dem Bahnhof und der Sihl gelegen, verwirklichte das Bahnhofquartier die Vorteile eines besonderen Baureglements, das hier die Erstellung zusammenhängender Häuserreihen mit einer einheitlichen Höhe von 18 Metern vorsah, wobei «auf schönes Aussehen Bedacht zu nehmen war». Grundstücke in Bahnhofnähe waren Hotelbauten vorbehalten, denn an «empfehlenswerten Hotelbetten» herrschte bei aller Aufgeschlossenheit der «hiesigen Herren Gastwirte» ein spürbarer Mangel. So entstanden am Bahnhofplatz drei renommierte Hotels. Das an der Ecke Bahnhofstrasse 1876 eröffnete «National» wurde vor allem durch seinen prunkvollen maurischen Festsaal berühmt. In den «eleganten, verschwiegenen Gemächern» des 1882 eröffneten «Victoria» pflegten gutsituierte Hochzeitspärchen ihre Flitterwochen einzuweihen. Das 1878 dem Betrieb übergebene «Habis» wurde, wie ein zeitgenössischer Bericht hervorhebt, «zum regelmässigen Absteigequartier der russischen Gesandtschaft».
Mit ihnen konnte das Terrassenrestaurant Café du Nord nicht mehr konkurrieren. Als pavillonartiger Anbau war es in den sechziger Jahren dem Wohnhaus Waisenhausgasse 8 vorgelegt worden. Zwar rühmte es sich einer ungehinderten Rundsicht auf den immer belebten Bahnhofplatz, aber böse Zungen nannten es «Café Nordpol» und Zürichs «zügigstes Etablissement». Besonders im Winter hatte der «Du Nord»-Wirt J. Huber seine liebe Not: Wenn das Thermometer fiel, sank auch der Bierkonsum, sehr zum Ärger der damaligen Bierbrauerei am Ütliberg, welcher die Liegenschaft gehörte. Schliesslich entschloss man sich zu einem Neubau, mit dem Adolf Asper beauftragt wurde. Im Winter 1894/95 wurde der Baukörper ausgesteckt und im kommenden Frühling der bestehende Komplex abgetragen. Zwei Jahre darauf wurde das Grand Café Restaurant Du Nord eröffnet. Es galt fortan als eine Art privates Bahnhofbuffet. Der Neubau war in Grösse und Form dem schon 1893 erbauten Nachbarhaus angepasst worden, aber über seine Schönheit waren die Ansichten geteilt. «Dieser typische Prunkbau aus den neunziger Jahren musste ja jedermann auffallen mit seinem Maximum an architektonischem Aufwand, mit seiner Überfülle und plastischem ‹Schmuck›», urteilte das «Volksrecht» 1932. Ein Schuss Ablehnung war dabei nicht zu überhören. Heute tönt es anders: Das «Du Nord» «mit kräftig durchgestalteter Fassade und lebhaften Dachaufbauten» gehört zu den schützenswerten Gebäuden Zürichs.

1 Winter 1894/95. Der neue Baukörper des Grand Café Restaurant Du Nord ist eben ausgesteckt worden.

2 Der Bahnhofplatz im Frühling 1882. Das Hotel Victoria ist im Bau. Links davon das 1876 eröffnete «National», rechts das «Habis» aus dem Jahre 1878. Der Springbrunnen wurde 1880 zum Eidgenössischen Sängerfest errichtet, 1889 entstand an seiner Stelle das Alfred Escher-Denkmal.

Grossstadtatmosphäre am Bahnhofplatz

Als in der zweiten Hälfte des vorigen Jahrhunderts die öffentlichen Verkehrsmittel den privaten Last- und Personenverkehr mehr und mehr zu verdrängen begannen, waren es die grossen Müllereifuhrwerke, die dem Wandel der Zeit am längsten widerstanden. Dass sich zwei solche Schwertransporter eben über den Bahnhofplatz bewegten, als der Photograph um 1894 seinen dreibeinigen Kasten vor dem «Du Nord» placiert hatte, war also nichts Ungewöhnliches. Was ihn faszinierte, war die Grossstadtatmosphäre mit ihren repräsentablen Gebäulichkeiten und einem nicht mehr übersehbaren Verkehr, wie er in vergleichbaren Städten der Schweiz vergeblich gesucht wurde. Was uns heute erstaunt, sind die Weite des Platzes und die freie, unbekümmerte Art, wie Fahrzeuge und Fussgänger davon Besitz ergreifen. Es war ein Platz, auf dem man Platz hatte. Um Alfred Eschers im Sommer 1889 unter Protest der Arbeiterschaft enthülltes Monument ist noch viel Raum, im Hintergrund laden Blumenrabatten und Bänke zu geruhsamem Verweilen ein. Der 1871 eröffnete Bahnhof war zwar flächenmässig «grösser als der Kölner Dom», wie der offizielle Verkehrsführer meldete, aber noch fehlten die vorgelagerten Bahnhofhallen, und das immer rauchige Geleiseareal wurde von einer dichten Baumreihe wohltuend verhüllt.
Das vom Seefeld herkommende Tram, das seit 1892 im Dreiminutenbetrieb verkehrte, fuhr von 1894 an bis zum Bahnhof Tiefenbrunnen hinaus. Noch im selben Jahr erhielten alle Wagen an den Plattformen Abschlussketten, um das trotz Verbot «laufend praktizierte Auf- und Abspringen» zu verhindern. Im Wageninnern bestand im übrigen Rauchverbot. Nachdem ein «Trotzdem-Qualmer» aus dem Wagen gewiesen wurde, warf er dem Tram einen Stein nach und vergriff sich am Personal eines anderen Wagens. Urteil: 4 Tage Gefängnis im Ötenbach.
Bis zum Bau des «Shopville» hat sich am Bahnhofplatz nicht viel verändert. Aus Mietdroschken wurden Taxis und Hotelautos. Das Tram wurde um 1900 elektrifiziert und die Fahrfrequenzen verlängert. An die Stelle der einst prachtvollen Gaslichtkandelaber trat die nüchterne Elektrizität.

3 Bahnhofplatz im Frühling 1894
4 Bahnhofplatz um 1914
5 Bahnhofplatz um 1920

Beidseits des Bahnhofs

6   *Blick im Herbst 1864 vom alten Bahnhof über die Bahnhofbrücke zum Polytechnikum. Im Vordergrund die Drehscheibe, auf der die vier Geleise des ersten Bahnhofs zusammenliefen, um die Lokomotiven rangieren und wenden zu können. Das Bahnhofareal ist von einem Zaun umgeben. Die Bahnhofbrücke wurde 1861–63 quer über die Papierwerd-Insel gelegt. Rechts anstelle des späteren «Globus» der «Papierhof», über dem der Ketzerturm am Seilergraben sichtbar ist. Am Horizont das soeben erstellte Polytechnikum, darunter linker Hand die «Neumühle» der Dampfschiff- und Lokomotivenfabrik Escher Wyss.*

7   *Um 1905. An die Stelle des «Papierhofs» trat das Globus-Gebäude, in dessen Anbau der ehemalige Gastwirt Jean Speck am Heiligen Abend 1899 sein Panoptikum eröffnete. Im selben Jahr wurde der Predigerturm eingeweiht.*

8   *Blick um 1895 auf das Gedeckte Brüggli und den Bahnhof. Links die letzten Reste der mittelalterlichen Stadtbefestigung und das alte Schützenhaus, rechts mit Kamin die Metallgiesserei Th. Heck. Die Badanstalt am Oberen Mühlesteg wurde 1890 erstellt.*

9   *Das rechte Limmatufer unterhalb der Bahnhofbrücke im Jahre 1902. Rechts die ehemaligen Bauten der Maschinenfabrik Escher Wyss & Cie., die ihren Betrieb 1894 in den Hard verlegt hatte. In den Gebäulichkeiten haben sich das Soda- und Kohlensäurewerk Zürich und einige Handwerker niedergelassen. Anschliessend, an der weissen Mauer erkennbar, das 1865 eröffnete städtische Schlachthaus zur Walche.*

10 *Bahnhof und Landesmuseum um 1908. Das Landesmuseum wurde 1898 eröffnet. Das Überlaufwehr am Kanal der ehemaligen Maschinenfabrik Escher Wyss wurde um 1905 abgebrochen.*

11 *Blick über die Sihl, den Bahnhof und das Landesmuseum um 1906. Zum Bau der 1907 eröffneten neuen Zollbrücke wurde ein Hilfssteg (im Vordergrund) gebaut, auf dem die Strassenbahn und die Fussgänger den Fluss überqueren konnten.*

Verschwundene Jahrhunderte am Bahnhofquai

12 *Abschied vom alten Schützenhaus. «Dieser Tage wird ein altes Gebäude abgetragen, das nicht nur in früheren Jahren, sondern auch in unserer neuesten Zeit von einiger Bedeutung war», meldete Mitte März 1899 die «Zürcher Adressen-Zeitung». Gemeint war das Schützenhaus, das am heutigen Bahnhofquai etwas unterhalb des Gedeckten Brügglis lag. Das erste «Schützenhuss uff dem Platz», also beim heutigen Platzspitz, stammte aus dem 15. Jahrhundert, wurde mehrmals erweitert und 1571 durch einen stilvollen Neubau mit Fresken, Wappen, Sonnenuhr und Treppengiebel ersetzt. 1784 wurde eine «Erneuerung bis auf die Grundmauern» beschlossen, was zwar 32 000 Pfund kostete, dem einst vielbewunderten Schützenhaus aber nicht zum Vorteil gereichte. Das wenig überzeugende Ergebnis haben wir vor uns, seines Mobiliars bereits beraubt und bereit zum Abbruch.
Durch den Bahnhofbau bedrängt, war das Schützenhaus schon 1849 seiner Funktion als Schiesszentrum enthoben und dafür im Sihlhölzli Ersatz geschaffen worden. Doch als beliebtes Wirtshaus «Zum alten Schützenhaus» erlebte es noch einmal bewegte Tage. Hier fanden die stürmischen Sitzungen der 1848 gegründeten Zürcher Sektion des Arbeiterbildungsvereins der Grütlianer statt. Hier ging es um Selbsthilfe, Streiks und Agitation. Hier muss es auch gewesen sein, wo die beiden Grütlianer Karl Bürkli und Johann Jakob Treichler am 26. September 1851 den Konsum-Verein gründeten, die erste derartige Genossenschaft auf dem europäischen Kontinent. Lebensmittel im grossen einkaufen und ohne Zwischengewinn an die Mitglieder weiterverkaufen, das war ihr revolutionäres Prinzip, das vom Gewerbe und von der Stadt mit kleinlichen Mitteln bekämpft wurde. Der damals belächelte Name «Konsum-Verein», heute im ganzen deutschen Sprachgebiet ein gängiger Begriff, stammte übrigens von Bürkli. Ihm, dem eigenwilligen, aber auch ränkevollen Pionier und Präsidenten, hat es der Verein zu verdanken, dass er im April 1860 trotz grosser Widerstände das Schützenhaus samt Umschwung für Fr. 128 000.– erwerben konnte und damit kein schlechtes Geschäft machte. Ein Teil des grossen Areals wurde verkauft; 1899 war der «vielbesuchte, schmucklose, niedrige Kasten» so baufällig geworden, dass er abgebrochen und an seiner Stelle die Bürohäuser Bahnhofquai 9/11 erstellt wurden. Sie konnten am 1. April 1900 bezogen werden und blieben bis heute im Besitz des Zürcher Konsum-Vereins.*

13 *Das Grüne Hüsli unmittelbar vor dem Ötenbach-Bollwerk spielte als Versammlungslokal der Arbeiterführer jahrzehntelang eine wichtige Rolle. Hier trafen sich russische Anarchisten mit deutschen Emigranten und Refraktären. Das Grüne Hüsli wurde 1900 abgebrochen. Aufnahme um 1893.*

14 *Über 90 Jahre alt ist dieses Dokument einer scheinbar längst entschwundenen Zeit. Im Frühling oder Sommer 1902 bannte der Photograph E. Linck die flüchtige Faubourg-Impression auf die gelatinierte Glasplatte. Davon ist nichts als das zerbrechliche Bild erhalten geblieben. An den leidigen Abbruch des Gedeckten Brügglis im Jahre*

1950 mögen wir uns noch gut erinnern. Wo damals die Limmat über eine kleine Schwelle schäumte, wurde die Autounterführung abgesenkt, die heute vom Heimatwerk gegen das Landesmuseum hinüber führt. Bahnhofquai heisst das heute recht langweilige Strassenstück seit 1913, da man hier mit der Spitzhacke einen besseren Zugang zum Bahnhof erzwingen wollte. Das trutzige Rondell, das samt dem dahinter liegenden Anbau dem Waisenhaus (heute Hauptwache der Stadtpolizei) als Schopf und Waschhaus diente, wurde schon 1903 abgetragen, «im regen Getriebe Zürichs ein toter Fleck, von dem keine Belebung des Verkehrs ausging». Beim Abbruch des 350jährigen Befestigungswerks kam ein bemerkenswerter Fund zum Vorschein: die seither vielbewunderte, im Landesmuseum ausgestellte Grabplatte Ulrichs I. von Regensberg († um 1280) hatte dem Rondell als Gesimse einer Schiessscharte gedient. Typisch für die Jahrhundertwende ist die Damenmode, die hier spazieren geführt wird: eng taillierte, bodenlange Kleider, schwarze Sonnenschirme und die «Wagenräderhüte», die im Frühling 1900 die zierlichen Kapöttchen verdrängt hatten und darauf an Umfang von Jahr zu Jahr zunahmen. Wer trotz der Mode des 20. Jahrhunderts noch immer glaubt, ein beinahe mittelalterliches Bild vor sich zu haben, sei an die beiden Buchstaben «UM» an der linken Ufermauer verwiesen. Hier, am Unteren Mühlesteg, hatte der unermüdliche Jean Speck 1899 sein Panoptikum eröffnet. In zwölf Räumen gab er neben Gesslers Tod und Winkelrieds Leiche in Wachs wilde Negerhäuptlinge, Feuerfresser, Fakire und kaffeebraune Bauchtänzerinnen zum besten. Mit den täglichen Vorführungen lebender Bilder leitete hier Speck bald darauf jene Entwicklung ein, die seinem altertümelnden Kuriositätenkabinett ein Ende setzte.

Am Central

Bis 1950 hiess das Central offiziell Leonhardsplatz, benannt nach der mittelalterlichen St. Leonhards-Kapelle unterhalb der Haldenegg. Der heilige Leonhard war der Schutzpatron der Hirten und Herden und insbesondere der Pferde. Nach ihm wurde die Gegend hier vor der Stadt, wo eine schlechte, steile Strasse nach Unterstrass hinaufführte, «zu St. Leonhard» genannt. Seit der auf die Landesausstellung 1883 erfolgten Eröffnung des Hotels Central bürgerte sich der heute gebräuchliche Name ein. Bedeutung bekam der Platz vor dem 1824 abgebrochenen Niederdorftor erst mit der 1858 erfolgten Verlängerung des Limmatquais, das bis dahin nur bis zur Rosengasse herunterführte, mit der Eröffnung der Bahnhofbrücke im Jahre 1863 und dem Ausbau der unteren Weinbergstrasse 1894. Zum Verkehrsknotenpunkt wurde das Central durch die im Januar 1889 eröffnete Zürichbergbahn (heute Polybähnchen) und die Endstation der Strassenbahn Zürich–Oerlikon–Seebach am Eingang zur Stampfenbachstrasse.

Die ZOS eröffnete ihren Betrieb 1897, mit dem Recht, später die geplante Walchebrücke zu benützen und vor den Bahnhof zu fahren.

15 *Das Central mit dem Hotel, das dem Platz den Namen gab. Das weisse Haus in der Bildmitte – es wurde 1890 abgebrochen – gehörte dem Weinhändler Salomon Rordorf-Krafft, der einst den ganzen Hang über dem Haus als Weinberg benützte. In seinem Haus war ursprünglich die Talstation der Zürichbergbahn vorgesehen. Aufnahme 1898.*

16 *Central um 1915. Anstelle des Rordorfschen Hauses erhebt sich die heutige Stützmauer, davor die 1900 erbaute Bedürfnisanstalt. Das in die Weinbergstrasse einbiegende Geleise gehört zur 1909 von der Stadt errichteten Tramlinie nach dem Schaffhauserplatz. Durch diese bewusst geplante Konkurrenzlinie zum Oerlikoner Tram kam dieses schliesslich zum Erliegen.*

17 *Zürich war ursprünglich eine typische Flussstadt. Ihren grossen Seeuferanteil erhielt sie zur Hauptsache erst durch die Eingemeindung von 1893. Seit dem Mittelalter war die Limmat ein wirtschaftlich genutzter Fluss. Vor allem am Oberen und am Unteren Mühlesteg fanden sich zahlreiche von Wasserrädern betriebene Mühlen, Fabriken und Kleinwerkstätten. Der alte Gefängnisturm «Wellenberg» beherrschte bis 1837 die Flussmitte, weiter unten unterbrachen Fischerhütten den oft recht wilden Wasserlauf. Aber auch die Wasserkirche und das Rathaus standen einst im Fluss draussen. Er war Zürichs vitalster Lebensraum, von Stegen, Brücken und vorspringenden Häusern reich gegliedert.*
Mit dem Aufkommen der Dampfmaschine und später der Elektrizität wurden viele Werkanlagen überflüssig, und zahlreiche Wasserbauten verschwanden. Die Seeabflussregulierung um die Mitte unseres Jahrhunderts sorgte im Zürichsee zwar für einen ausgeglichenen Wasserstand, die Limmat verlor dabei aber viel von ihrem eigenwilligen Charakter. Zugleich erscholl aus dem Publikum der Ruf nach der «freien Limmat», also der Ausräumung des Flusses von «entbehrlichen» Bauten. Freilich steckten hinter der Initiative wenig selbstlose Interessen, aber welcher Stimmbürger wollte sich schon gegen die Freiheit stellen? Damit begann jene unheilvolle Entwicklung, der schliesslich der alte Globus, das Elektrizitätswerk (links am Limmatufer vor dem aufragenden St. Peter), das Gedeckte Brüggli samt seinem Wasserwehr und schliesslich auch die Fleischhalle zum Opfer fielen. Was Zürich dadurch an ererbter Substanz verlor, zeigt unser Bild vom 15. April 1910. Im Vordergrund das vielgestaltige kleine Industriequartier, das sich um die Wasserräder am Unteren Mühlesteg gebildet hatte und 1949 restlos abgerissen wurde. Opfer eines unsinnigen Schlagwortes, für das heute keiner mehr verantwortlich sein will.

18 Blick vom Limmatquai auf die Schipfe. Im «Wollenhof» rechts im Bild befindet sich heute das Heimatwerk. Im Hintergrund die Kapelle des ehemaligen Ötenbach-Klosters. Aufnahme um 1902.

19 Blick vom Central das Limmatquai hinauf. Am linken Bildrand der Eingang zur Talstation der Zürichbergbahn. Das zwischen Limmatquai und Niederdorfstrasse 1857 von Wilhelm Waser erbaute Haus zum Brodkorb (mit dem vom ersten Stock bis zur Zinne reichenden Erker) sollte von den Behörden auf Wunsch der Nachbarn mit allen Mitteln verhindert werden. Doch der eigenwillige Architekt bestand darauf, auch auf dem kleinen dreieckigen Areal ein ansehnliches Haus zu bauen. Die Bewilligung für den Erker erhielt er nur unter der Bedingung, «dass er die Luftsäule, welche von diesem Erker teilweise beschlagen wird, als eine freiwillige Konzession der Stadtbehörde anerkenne». Aufnahme 1899.

Oberer Mühlesteg, Uraniabrücke, Rudolf Brun-Brücke

Die Mühlegasse erinnert noch heute an die Mühlen, die einst, über zwei Stege erreichbar, in der Limmat lagen. Die direkte Fortsetzung der Mühlegasse war der Obere Mühlesteg, der zum Ötenbachquartier hinüberführte. Zu Beginn unseres Jahrhunderts wurde dieses Quartier mit Spitzhacke und Schaufel völlig umgestaltet. Der Durchstich durch den Ötenbachhügel und der Bau der heutigen Uraniastrasse hatte verwaltungs- und verkehrstechnische Gründe. Die Stadt brauchte ein neues Amtshaus, und dazu wurde das Ötenbacareal ausersehen. «Längst schon hätte man das düstere Gemäuer – gemeint war das Gefängnis auf dem Ötenbachhügel – gerne aus der Stadt weg gehabt. Mitten in Richtung lebhaften Verkehrs auf einer Bodenerhebung stehend und ein Gebiet von bedeutendem Umfang umschliessend, behinderte die Strafanstalt Ötenbach die Durchführung passender Strassenzüge.» 1901 wurde mit dem Abgraben des Hügels begonnen und 1905 die Uraniastrasse dem Verkehr übergeben. Acht Jahre später fand sie in der Uraniabrücke ihre geradlinige Fortsetzung. Der Umbau des Oberen Mühlestegs zur modernen Brücke und die damit nötig gewordene Begradigung und Verbreiterung der Mühlegasse brachte am Limmatquai bauliche Veränderungen mit sich, die heute recht umstritten sind. In Erinnerung an Ritter Rudolf Brun († 1360), Schöpfer der Zürcher Zunftverfassung und erster Bürgermeister, wurde die Uraniabrücke 1951 in Rudolf Brun-Brücke umbenannt.

20 Bau der Uraniabrücke im Frühling 1913. Über das schon im Vorjahr bezogene Mossehaus schrieb Arnold Kübler: «Drüben das dicke Mossehaus, Beispiel eines verfehlten, in den Massen unpassenden Neubaus am empfindlichen Limmatquai.» Ebenfalls im Bau ist am Horizont die 1914 eröffnete Universität.

21 Der Obere Mühlesteg um 1911. Zur Verbreiterung der Mühlegasse sind die ersten Häuser am limmatseitigen Brückenkopf bereits abgebrochen.

22 So sah der Obere Mühlesteg vor dem Brückenbau und der «Sanierung» der Mühlegasse aus. «Elf Häuser zwischen dem Limmatquai und der Niederdorfstrasse fielen dem Geist der Zeit zum Opfer, dort wo sich jetzt das markante Rudolf Mosse-Haus erhebt», schrieb der Chronist S. Zurlinden 1914. Am 22. November 1913 wurde die Uraniabrücke dem Verkehr übergeben. Aufnahme um 1905.

Vom Ötenbachhügel zum Werdmühleplatz

Dem Wunsch, die enge Altstadt vom Verkehr zu entlasten, stellte sich vor allem der Riegel Waisenhaus-Ötenbachgefängnis entgegen. Kurz vor der Jahrhundertwende entschloss sich der Stadtrat zu einer Umgestaltung des ganzen Quartiers. 1897 wurde das Zuchthausareal vom Kanton gekauft, 1902 und 1903 die Strafanstalt abgetragen. «Nachdem weitere Millionen verausgabt worden waren für den Erwerb aller Liegenschaften im Werdmühle- und Ötenbachquartier und an der Schipfe, konnte mit der Anlage neuer Strassenzüge planmässig vorgegangen werden.» Der Anfang wurde mit der Ablenkung des Sihlkanals in den Schanzengraben gemacht. Sein altes Bett wurde im Winter 1901/02 zugeschüttet und darauf die Werdmühlestrasse angelegt, gerade über seiner Mündung steht jetzt das Amtshaus II.

23 Die Uraniastrasse ist durch den Ötenbachhügel gegraben, das Waisenhaus seiner schönen Umgebung beraubt und das Amtshaus II, links neben dem Waisenhaus, bereits bezogen. Die beiden Zwiebeltürme am linken Bildrand stehen auf dem «Du Nord», rechts daneben die Kirche Oberstrass. Aufnahme Frühling 1905. Standort des Photographen vor der 1907 eröffneten Volkssternwarte Urania.

24 «Nach der Niederlegung des Zuchthauses kam im Winter 1904/05 der Durchstich der Uraniastrasse durch den Ötenbachhügel an die Reihe. Oft schauten Hunderte zu, wie die ungefügen Löffelbagger heisshungrig den Hügel anfrassen und den Schutt auf Rollwagen luden, die dann auf ein in der Limmat errichtetes Holzgerüst hinauffuhren und ihre Ladung an Ledischiffe abgaben.» Aufnahme im Frühling 1905. Links neben der Baugrube der «Wollenhof», in dem sich 1898–1927 die permanente Schulausstellung des Pestalozzianums befand. Das vordere Gebäude musste der Uraniastrasse Platz machen, das hintere wurde später zum heutigen «Heimatwerk» umgestaltet.

25 *Diese Aufnahme wurde ungefähr zur selben Zeit und vom selben Standort gemacht wie auf Bild 23 (Seite 22). Vor uns liegt die Uraniastrasse, die rechts zur Limmat führt. Am rechten Bildrand hinter der Plakatwand erhebt sich der Rest des Ötenbachhügels. In der linken Bildhälfte wird soeben der heutige Werdmühleplatz angelegt.*

26 *Das Waisenhaus um 1895. Das Waisenhaus auf der ehemaligen Kornamtswiese wurde vermutlich nach Entwürfen von Gaetano Matteo Pisoni, dem Tessiner Architekten der Solothurner St. Ursen-Kathedrale, erbaut. «Am 1. August 1771 geschah die feierliche Einweihung und die Einführung der Waisenhauskinder aus dem alten im Ötenbach, nun in ein Zuchthaus umgeschaffenen, in dieses neue. Herr Statthalter Heinrich Escher und Herr Archidiakon Rudolf Rahn hielten bei diesem Anlass vortreffliche Reden. Der erstere war vorderster Almosen- und Waisenhauspfleger und schuf sich um dieses Haus und dessen innere Einrichtung, besonders in Rücksicht auf die ganze reformierte Erziehungsanstalt, unsterbliche Verdienste.»*
Ermöglicht wurde das aus Quadersteinen errichtete Waisenhaus durch Beiträge der Regierung, des kaufmännischen Direktoriums, sämtlicher Zünfte und vieler grosszügiger Bürger. Noch nach hundert Jahren schrieb ein Fachmann: «Die Anlagen des Hauses sind wohlgeordnet, keine Spur von Dürftigkeit, ja im Einzelnen beinahe fürstlich, so dass man sagen darf: es möchten wenige Städte von mittlerer Grösse sich vorfinden, welche aus dieser Zeitperiode ein solch stattliches Waisenhaus aufweisen könnten.»
Die Zürcher waren mächtig stolz auf den Bau und die Anstalt, in der bis zu 120 Waisenkinder heranwuchsen, ausschliesslich solche von Stadtbürgern. In ihrer Anstaltszeit wurden die Knaben und Mädchen nicht nur in Lesen, Schreiben und Rechnen, sondern auch in Zeichnen, Singen und Lismen, in Feld- und Gartenarbeiten unterrichtet. Im Sommer 1911 wurden sie in die beiden neuen Waisenhäuser auf dem Sonnenberg und dem Entlisberg verbracht, «das alte Haus aber dank des Stadtbaumeisters Genie als ewiges Denkmal erhalten. 1911–14 wurde es zum Amthaus I umgebaut, und der Terrassenvorbau gegen die Limmat lässt das ehrwürdige Waisenhaus nicht sogleich wieder erkennen.»
Mit weniger beschönigenden Worten: die ausgewogenen Proportionen des beginnenden Klassizismus sind gründlich dahin: missratener Denkmalschutz unserer Grossväter!

Am heutigen Werdmühleplatz

Der Sihlkanal, auch Zahme Sihl genannt, wurde oberhalb des Sihlhölzlis von der Wilden Sihl abgeleitet und vor der Sihlporte in einer Wasserbrücke über den Schanzengraben geführt. Schon im 14. Jahrhundert trieb der Sihlkanal zwischen dem heutigen Steinmühleplatz und dem Werdmühleplatz zahlreiche Mühlräder. Er lag also ziemlich genau an der Stelle der heutigen Uraniastrasse, schlüpfte unter der 1864/65 erbauten Bahnhofstrasse durch und wich dann dem Ötenbachhügel in einer Linkskurve aus. Bei dieser Biegung wurde um 1895 die untere Aufnahme gemacht: Links im Bild die Häuserreihe, die bei der Gestaltung des Werdmühleplatzes dem heutigen Häuserkomplex mit der Bodenkreditanstalt weichen musste. In der Mitte die untere Werdmühle, später Ölmühle und Sägerei (Werdmühlegasse 14), in welcher zuletzt der württembergische Schuhmacher Joseph Fruh seine Werkstatt hatte. Am rechten Bildrand erhebt sich die Mauer des Gefängnisses auf dem Ötenbachhügel. Wer vor dem Bau der Bahnhofstrasse aus der Altstadt links der Limmat zum Bahnhof wollte, musste über die kleine hier abgebildete Brücke und unter der Werdmühle hindurch.
Um das verwinkelte Werdmühlequartier – «im regen Getriebe ein toter Fleck, von dem keine Belebung des Verkehrs ausgeht» – endlich zu sanieren, kaufte die Stadt um die Jahrhundertwende alle Liegenschaften im Werdmühle- und Ötenbachquartier. Der beim Gedeckten Brüggli in die Limmat mündende Sihlkanal wurde in den Schanzengraben geleitet und sein Bett 1901/02 zugeschüttet. Nach der Abtragung des Ötenbachhügels entstanden hier vor allem die Amtshäuser an der Uraniastrasse und die am 15. Juni 1907 eröffnete Volkssternwarte: ein 48 Meter hoher Aussichtsturm mit drehbarer Kuppel und einem 5 Meter langen Zeiss-Fernrohr. «Auch an schönen Tagen empfehlenswert», lobte das «Tagblatt», «denn die für viele unerreichbaren Berge erscheinen durch diesen Refraktor in greifbare Nähe gerückt.»

27 *Hotel und Badanstalt am Sihlkanal.*

28 *Um die Uraniastrasse und das Werdmühlequartier bauen zu können, wurde der Sihlkanal 1901/02 zugeschüttet. Am Sihlkanal am heutigen Werdmühleplatz um 1895.*

29 *Die untere Werdmühle auf dem heutigen Werdmühleplatz.*

Gemüsebrücke und Marktgasse um 1895

30 *Ob Goethe oder Casanova, wer in Zürichs renommiertem Gasthof zum roten Schwert abstieg, bekam etwas zu sehen. Der Weimarer rühmte die glückliche Aussicht über Fluss, See und Gebirge, dem Venezianer hatte es eine schöne Solothurnerin angetan. Ganz anders der unbekannte Zürcher Photograph, der an einem lichten Vormittag – es muss um 1890 herum gewesen sein – die Zinne des «Schwerts» erklomm und sein Objektiv auf die Gemüsebrücke richtete. Was sich einige Stunden darauf auf seiner Bromsilberplatte abzeichnete, darf als Treffer gerühmt werden. Nicht nur das geschäftige Treiben des Zürcher Gemüse-, Blumen- und Samenmarkts fing er ein, was sich da an kleinbürger-*

lichem Kommen und Gehen vor unseren Augen abspielt, hatte vor ihm noch keiner besser auf die Platte gebannt. Links die klassizistische Polizeihauptwache, der man ansieht, dass «die Säulen etwas zu dick und das Giebeldreieck etwas zu leer» ausgefallen sind, rechts der Stolz der Bürger, das «venezianische» Rathaus. In die Tiefe führt die noch mittelalterlich anmutende krumme Marktgasse, die 1750 vom Rat verbreitert worden wäre, wenn sich nicht ein unbeugsamer Hausbesitzer dagegen gesträubt hätte. Und wie ein Wahrzeichen jener Zeit rumpelt eben das Rösslitram vorüber, 1882 eröffnet und in der Presse als «Toilettemittel einer veritablen Grossstadt» bezeichnet. 1900 wurde es elektrifiziert und auf bereits bestehenden Ansichtskarten das Pferd einfach wegretuschiert.

Zwischen dem See und dem alten Stadtzentrum

Die einstige Flussstadt ist die Altstadt von heute. Nur schrittweise dehnte sich Zürich zum See und schliesslich den beiden Ufern entlang. Die grösste Veränderung erlebte das Stadtbild im Verlaufe der letzten hundert Jahre im Ufergebiet zwischen dem See und dem Fraumünster, wo einst das alte Stadthaus und das gemütliche Kratzquartier standen. Ihnen folgte «durch den Willen des Volkes» das schöne alte Kornhaus. «Verschwunden ist die ganze Herrlichkeit. Wer kennt sich da noch aus?» schrieb der Chronist S. Zurlinden. Ein Seufzer, der später eine ganze Literatur über Zürichs Abbruchsünden eröffnete.

31   Blick von einer Bootsvermietung auf der Höhe des Hechtplatzes gegen den «Kratz», das Fraumünster und das alte Kornhaus. Aufnahme um 1875.

32   Das Grossmünster, dem Fraumünster gegenüber, wurde als Grabkirche der Stadtheiligen und Predigtkirche Zwinglis zum Wahrzeichen Zürichs. Verbunden waren die beiden Münster bis ins 19. Jahrhundert durch die Obere Brücke, einen einfachen Holzsteg, über den der spätere Kirchenratssekretär Dr. F. Meyer in seinen Jugenderinnerungen berichtete: «Das Geklapper der hölzernen Bretter, wenn wir darüber trampelten, ist mir noch jetzt in Erinnerung, und es war etwas Unerhörtes, dass einmal ein Dragoner es wagte, über die hölzerne Brücke zu reiten.»

33   Ältester Flussübergang und eigentliches Stadtzentrum war die Gemüsebrücke, offiziell Rathausbrücke geheissen. Den rechten Brückenkopf bilden das Rathaus und die 1824/25 erbaute klassizistische Hauptwache der Polizei mit einer dorischen Tempelfront. Sie ist das letzterhaltene Werk von Hans Kaspar Escher, dem radikalsten Zürcher Klassizisten. Die angebaute Fleischhalle, wegen ihres byzantinischen Formenreichtums auch «Kalbshaxenmoschee» genannt, musste leider in jüngster Zeit dem Verkehr weichen. Aufnahme 1898.

34   Beim Bau des Stadthauses wurde der Fraumünsterkreuzgang verkleinert und aus vorhandenen Bauteilen neu gestaltet. Aufnahme: 30. März 1898.

35   Seit dem Mittelalter diente die Rathausbrücke, in Ermangelung eines Marktplatzes, den Bürgern nach der Sonntagspredigt als Treffpunkt und unter der Woche dem Blumen- und Gemüsemarkt. 1880/81 wurde die morschgewordene Holzkonstruktion durch Eisenbalken ersetzt. Das zu Goethes und Casanovas Zeiten weltberühmte Hotel zum roten Schwert hatte hinsichtlich Rang und Namen zwar einiges eingebüsst, aber es zehrte noch immer von seinem historischen Ruhm und war seiner «zivilen Preise» wegen geschätzt. Aufnahme um 1890.

36   Im Frühling 1835 wurde beschlossen, nach französischem Muster eine steinerne Brücke zu erbauen und sie dem österreichischen Ingenieur Aloys Negrelli, dem späteren Urheber der Suezkanalpläne, in Auftrag zu geben. Am 20. August 1838 wurde die Münsterbrücke eröffnet, mit Böllerschüssen, Glockengeläute, bekränzten Schiffen, zwei Dutzend Equipagen für die Ehrengäste und der Verleihung einer goldenen Medaille an Negrelli. Eine Tribüne für 1000 Personen war gebaut worden, 20 000 waren gekommen. Abends um 8 Uhr erstrahlte die Brücke in feenhafter Beleuchtung, und auf den Trümmern des nahen, dem Abbruch geweihten Wellenbergturms prasselte ein Brillantfeuerwerk. Unser Bild: Münsterbrücke mit Fraumünster. Die 1898 eröffnete Hauptpost, heute Fraumünsterpost, ist noch nicht vollendet. Das 1883/84 erbaute Verwaltungsgebäude, das später zum Stadthaus erweitert wurde, ist in der Bildmitte am fensterlosen Giebeldreieck zu erkennen. Vom 1897 abgebrochenen Kornhaus ist schon nichts mehr zu sehen. Aufnahme Herbst 1897.

Zerstörte Bausubstanz

37   Dem Untergang geweiht: das alte Stadthaus. Dieses Photo wird in der Regel mit 1865 datiert. Kann das stimmen? Doch bevor wir nach der Zeit fragen, überlegen wir, wo wir uns befinden. Was da so fremd und doch irgendwie vertraut zu unseren Füssen liegt, ist das treppengiebelige alte Stadthaus mit der rechts angebauten Bauhütte, in welcher Zürichs Werkmeister wohnte. Im Stadthaus war im Parterre die Polizei, darüber die Stadtverwaltung und zuoberst die Amtswohnung des Stadtschreibers Spyri und seiner schriftstellernden Gattin Johanna untergebracht. Davor liegt der ehemalige Kratzplatz, und zwar die Stelle, wo heute (links im Bild) die Börsenstrasse ins Stadthausquai mündet. Dies beweist auch das ganz links wie in einem Vexierbild versteckte Bauschänzli. Wer sich noch etwas länger ins Bild vertieft, entdeckt eine weitere Merkwürdigkeit: hinter dem Stadthaus zieht sich die Quaibrücke mit den prachtvollen Kandelabern hin; doch am rechten Ende hat sie noch keine Zufahrt: der heutige Bürkliplatz harrt noch seiner Vollendung. Wann kann das gewesen sein? In der Silvesternacht 1884 liess der Erbauer der Brücke, Arnold Bürkli, die ersten Kutschen darüber fahren, die Quaibauten wurden erst 1887 eingeweiht. Das alte Stadthaus und die Bauhütte wurden übrigens 1886 abgebrochen, nachdem ein Teil des heutigen Stadthauses an der Fraumünsterstrasse bezogen werden konnte. Aber auch der Kratzbrunnen, den wir auf älteren Bildern gegenüber der Bauhütte finden, ist nicht mehr da. Er stand an der Stelle, wo auf unserem Bild im Vordergrund die Baugrube für die Südostecke des heutigen Kappelerhofes (Börsenstrasse 12) klafft. Mit diesem Bau wurde 1884 begonnen, und dies muss auch das Jahr sein, in dem diese Aufnahme gemacht wurde.

Im alten Stadthaus schrieb übrigens Johanna Spyri ihre Heidi-Bücher, die sich noch heute als ganz grosse literarische Welterfolge erweisen. «Heidi» erlebte bis heute 40 Übersetzungen und eine Gesamtauflage von 20 Millionen Exemplaren.

38 *Das Korn- und Kaufhaus im Jahre 1891. «Schade, dass man nicht mehr vergleichen kann, wie in Zürich die alte Baukunst die Aufgabe der grossen öffentlichen Profangebäude aufgefasst hat. Vom Zeughaus in der Waaggasse sind nur noch Reste vorhanden, und das mächtige Kornhaus bei der Fraumünsterkirche, von ähnlicher Grösse wie das Rathaus und auch durch die Lage am Fluss verwandt, ist 1898 leider abgebrochen worden», schrieb kein Geringerer als Heinrich Wölfflin. Erbaut wurde das Kornhaus 1616, dort, wo heute beim Waldmann-Denkmal unzählige Parkingmeter die Uferpromenade zieren. Anlass war ein Unglück beim alten Kornhaus, das am Weinplatz lag: Da im Jahre 1615 durch die Last des Getreides ein Teil der Unteren Brücke einstürzte und Korn und Leute ins Wasser fielen, beschloss man, an schicklicherer Stelle bei der Obern Brücke ein neues Kornhaus zu errichten. Mit den Stilmitteln der Renaissance war hier ein dreigeschossiger Bau entstanden, der durchaus schon den Geist der barocken Repräsentation verkörperte. «Am Freitag war Markt», schrieb der um 1830 geborene Dr. Franz Meyer in seinen Jugenderinnerungen, «da kamen die Schwabenfuhrleute von Winterthur her die Marktgasse herunter, über die Untere Brücke und durch die Storchengasse gefahren. Der Platz zwischen Kornhaus und Fraumünster war mit Pferden, Wagen, Säcken und offenen ‹Standen›, in denen das Getreide zur Besichtigung durch die Käufer unter freiem Himmel ausgestellt war, so ausgefüllt, dass wir uns kaum zur Schule durchdrängen konnten.»*

1835 wurde der Bau eines neuen Kornhauses auf dem heutigen Sechseläutenplatz beschlossen. Es war aber nie zweckmässig, wurde 1867 in die (alte) Tonhalle verwandelt und 1896 auf Abbruch versteigert. Das Kornhaus an der Limmat wurde hingegen in ein Kaufhaus der hiesigen Kaufmannschaft umgewandelt. «Hier und im naheliegenden Packhof, der hinter dem Fraumünster lag, vollzog sich der Umschlag des Güter- und Warenverkehrs. Da standen zum Ab- und Aufladen die Lastwagen für Schwergüter, die langsam und bedächtig einherfuhren, und die ‹Eilfuhren›, die im Trabe das Land durchzogen.»

39 *Das Kornhaus 1897 zum Abbruch bereit. Das Baugerüst im Hintergrund dient der 1898 eröffneten Fraumünsterpost.*

Der verschwundene «Kratz»

Zwischen dem Fraumünster und dem See lag nicht nur das alte Stadthaus, sondern ein ganzes Quartier. Sein Name «Kratz» kam daher, dass es nur einen Zugang vom Münsterhof her hatte und man darin wie in einem «Kratten» gefangen war. Hier wohnten ursprünglich die Dienstleute der Fraumünsteräbtissin, später waren es neben dem städtischen Bauherrn, den Steinmetzen und Zimmerleuten vor allem Beamte der Stadt und eine ganze Reihe von kleinen Rentnern. Der «Kratz» war im übrigen ein wenig vornehmes Quartier. Hier standen das Haus des Scharfrichters und Zürichs Freudenhäuser, deren «Personal» sich schliesslich «wie lichtscheue Fledermäuse» im Kratzturm einnistete. Aber auch einige Köpfe und Originale waren typische «Krätzler»: im «Alten Sonnezeit» Baumeister Näf, der einen grossen Teil des neuen Kappelerhofes erstellte, und der Coiffeur und bedeutende Naturforscher Johannes Gelstorf, im Haus zum goldenen Ring der ETH-Professor Julius Stadler, im «Granatapfel» die Herren Finsler, von denen der eine Stadtforstmeister war und der andere die Drogerie im Meiershof gründete. Überall bekannt war die Musikerfamilie Honegger, die im Stadtkasino am Hirschengraben konzertierte. Als die vier einmal im Hotel Baur am Paradeplatz aufspielten, wurde ein hier gastierendes Mitglied der englischen Hofkapelle auf die «Honeggere» aufmerksam. Er ermutigte sie, mit ihm nach England, nach Windsor, zu kommen. Die Königin Victoria hatte so grosse Freude an den drolligen Typen und ihrer Musik, dass sie die Gruppe in England behalten wollte. Die «Krätzler» bedankten sich für die grosse Ehre und zogen es vor, nach dieser Kunstreise wieder in ihr trautes Nest zurückzukehren. Auf der Heimreise wollte sie der Kapitän durchaus als Schiffskapelle engagieren. Erst durch die Vermittlung weiterer Passagiere konnte er gezwungen werden, die musikalischen Schweizer in Bordeaux wieder an Land zu setzen.

Im Fieber der «Grossen Bauperiode» der sechziger bis neunziger Jahre des vorigen Jahrhunderts wurde das ganze Quartier abgebrochen und sein Wahrzeichen, der sechshundertjährige Kratzturm aus der alten Stadtbefestigung, samt dem Baugartenhügel abgetragen. Der Turm wich 1877 der oberen Bahnhofstrasse, im Kratzgebiet entstanden das neue Stadthaus, die Fraumünsterpost, die Kappelergasse, das «Metropol» und schliesslich die Nationalbank.

40   *Das gemütliche Café Frieden stand an der Stelle, wo sich heute der Turm der Fraumünsterpost erhebt. Aufnahme um 1877.*

41   *Blick auf das Bauschänzli, das treppengiebelige alte Stadthaus und den Kratzturm, der etwas erhöht auf der heutigen Strassenkreuzung Börsenstrasse/Bahnhofstrasse stand. Am Bauschänzli hat eben die «Stadt Zürich» angelegt. Aufnahme um 1875.*

42   *Blick limmataufwärts zum See. Rechts das Bauschänzli als Überbleibsel der im Dreissigjährigen Krieg erstellten Vauban-Fortifikationen, links das Sonnenquai, an dem eben der Raddampfer «Gustav Albert» festgemacht hat. 1846 von der Maschinenfabrik Caspar Escher erbaut, wurde das Boot vom Erbauer auf den Namen seines Sohnes getauft und später respektlos «Herrenschiff» genannt. Das in der Bildmitte aufragende helle Haus ist das Hotel Bellevue, links daneben steht der 1881 abgebrochene Trümplerturm.*

Maifahrt der Zürcher Studenten um 1877

43   *An dieser seltenen Zürcher Aufnahme ist alles richtig: das frühlingshafte Wetter, die fröhlich geschmückten Schiffe, die eben in See stechen, und auch die beispielhafte Bildkomposition. Und doch hat der Kommentator einige Bedenken, und zwar bezüglich der Jahreszahl, der Maifahrt und der Zürcher Studenten.*
Sicher ist, dass das Bild vor dem Bau der Quaibrücke gemacht wurde, in der Zeit, als die Schifflände zwischen Wasserkirche (im Vordergrund) und Hotel Bellevue (im Hintergrund) wirklich noch die Schifflände war. Das turmartige Haus links vom Hotel Bellevue wurde 1881 abgebrochen. Genaueres sagt uns die baugeschichtliche Datierung nicht. Bieten die Schiffe bessere Datierungsmöglichkeiten? Ein sehr versierter Autor verlegte dieses Photo kürzlich ins Jahr 1858, und zwar aus folgendem Grund: 1856 lief der Raddampfer «Stadt Zürich» (rechts im Bild) von Stapel, 1858 wurde das Schwesterschiff «Rapperswil» (links im Bild) erbaut. Die festliche Bekränzung könnte tatsächlich auf die Jungfernfahrt der «Rapperswil» schliessen lassen. Aber die Rauchkabinen am Heck, die an den drei hohen Fenstern erkennbar sind, wurden erst 1869 und 1870 aufgebaut. Das Original des vorliegenden Bildes liegt übrigens in der Graphischen Sammlung der Zürcher Zentralbibliothek, mit dem handschriftlichen Vermerk «Maifahrt der Zürcher Zofinger Ende der 1860er Jahre». Dass die Jahreszahl nicht stimmt, ist erwiesen, wie aber steht es mit den Zofingern? Maifahrten auf geschmückten Schiffen zur Halbinsel Au waren damals sehr beliebt; aber die Zofingia zählte damals so wenig Mitglieder, dass sie sich kaum eine so aufwendige Bekränzung leisten konnte. Etwas besser dran waren die Gesangsstudenten, die sich in jenen Jahren einer zunehmenden Mitgliederzahl erfreuten und gerade 1877 eine recht aufwendige Maifahrt unternahmen.
Und in der «Geschichte der Zürcher Studentenschaft» lesen wir, dass am einflussreichsten unter allen Verbänden damals der Studentengesangverein war. «Seit Jahrzehnten durften die studentischen Sänger an keiner Feier der Hochschule, am allerwenigsten am Stiftungsfeste fehlen. Regelmässig umrahmten sie dort mit ihren Liedern die Festansprache. Die alljährlichen Maifahrten des Studentengesangvereins nach der Insel Ufenau waren in den letzten drei Dezennien des vergangenen Jahrhunderts in kleinerem Rahmen Feste der Hochschule. Der Rektor und ein grosser Teil der Dozenten mit ihren Gattinnen gehörten dann stets zu den Gästen der Singstudenten. Am Tage der Maifahrt soll bisweilen sogar die ganze Universität in Flaggenschmuck gestanden haben.»

Zwischen Bellevue und Bürkliplatz

44   *Blick vom Peterturm auf die obere Limmat und den See, der bis zur grossen Bauperiode trichterförmig in die Stadt hineinragte. 1834 wurde der Bau eines neuen Hafens bei der Holzschanze, dem heutigen Sechseläutenplatz, beschlossen. Der Hafendamm, «eine Pyramidal-Construction, die möglichste Solidität gewährt», wurde von Ingenieur Negrelli geplant und am 27. April 1840 dem Betrieb übergeben. Aufnahme um 1862.*

45   *Blick vom Dach des Hotels Baur au Lac über die Bäume der Stadthausanlage gegen den heutigen Sechseläutenplatz. Oberhalb der Bildmitte die alte Tonhalle, davor wurde mit dem Bau der Quaibrücke begonnen. Der neben dem Baugerüst liegende Raddampfer «Rapperswil» kann schon nicht mehr in die Limmat einfahren. Rechts im Bild, in der Gegend des heutigen Opernhauses, die hier oben placierte Festhalle der Landesausstellung 1883. Davor auf dem diesseitigen Ufer die alte städtische Männerbadeanstalt. Aufnahme 1883.*

46   *Nach dem Bau der Quaibrücke konnten die Dampfer nicht mehr in die Limmat hinunterfahren. Die Schifflände diente nun allerlei Barken, Ledischiffen und Segelbooten. Aufnahme 1884.*

47   *Der Bau der Quaibrücke um 1883. Arnold Bürkli (1833–1894), mit 26 Jahren an die neugeschaffene Stelle*

177

eines Zürcher Stadtingenieurs gewählt, beschäftigte sich zuerst mit dem Bau der Bahnhofstrasse, anschliessend mit der «Kloakenreformation» genannten ersten Abwasserkanalisation und schliesslich mit dem Quaibauprojekt, das heute noch mit seinem Namen verbunden ist. Natürlich meldete sich immer auch die Opposition. In der «Freitagszeitung» kämpfte sie gegen den «Quaibauschwindel». Der endgültige Entscheid fiel am 4. September 1881, als die gleichzeitigen Gemeindeversammlungen von Zürich, Enge und Riesbach den Vertrag über die Quaibauten genehmigten und das Ergebnis mit Kanonendonner feierten. Beim Bau der Brücke bereitete die schlechte Beschaffenheit des rechten Seeufers jedoch grosse Schwierigkeiten, und ein guter Freund ärgerte Bürkli mit einer täglich im Tagblatt erscheinenden «Dummen Frage»: Wann wird endlich die Quaibrücke mit dem Festland verbunden?

Als sie endlich das Ufer erreichte, wurde zwar kein offizielles Fest gefeiert, aber Bürkli verpflichtete den «dummen Frögli», es war Karl Fierz-Landis, für die «Dampfschwalbengesellschaft» die ersten 100 000 Franken zu zeichnen. «Zürich ist eine wunderherrliche Stadt, schmuck wie ein Edelstein», hiess es bei der offiziellen Eröffnung, «Bürkli darf stolz sein, diesem Juwel eine würdige Fassung gegeben zu haben. Dass Zürich heute auch eine der gesundesten Städte genannt werden kann, ist ebenfalls sein Verdienst.» Die drei nun eng miteinander verbundenen Quaigemeinden stifteten Bürkli einen Lorbeerkranz und seine Untergebenen eine kalligraphische Dankadresse: «Die Arbeiter stiften dieses Andenken dem Quai-Ingenieur A. Bürkli-Ziegler in Erinnerung an dessen väterliche Fürsorge, überreicht am Tag der Eröffnung des Zürcher Quais nach fünfeinhalbjähriger Bauzeit am 3. Juli 1887.»

48 *Quaibauten am heutigen Utoquai. Die Ledischiffe sind mit «Quaibau Zürich» beschriftet. Im Hintergrund die Badanstalt Riesbach, die 1887 den Bauarbeiten weichen musste. Aufnahme um 1885.*

49 *Blick vom St. Peter-Turm auf das Fraumünster, das alte Stadthaus und die Reste des Kratzquartiers. Am rechten Bildrand Baugerüst der Börse. Aufnahme 1877.*

Erinnerungen an die Landesausstellung 1883

50 *Durch die Landesausstellung 1883 wurde der nach dem Bau des Bahnhofs etwas vergessene Platzspitz wieder entdeckt. Der Springbrunnen erhob sich auf dem Hauptplatz der Ausstellung. Der Musikpavillon steht heute noch. Aufnahme um 1890.*

Am Bellevue der Jahrhundertwende

51 *Blick vom Hotel Bellevue, das für seine Aussicht berühmt war, auf die neue Quaibrücke und das Alpenquai. An der Stelle der späteren Tonhalle steht eben die Festhütte des Eidgenössischen Turner-, Schwinger- und Älplerfestes 1889. Vom Roten Schloss (1893), vom Palais Henneberg (1900) und vom Weissen Schloss (1893) ist noch nichts zu sehen. Sichtbar ist dafür das auf einem Rebhügel gelegene Bürgli, in dem Gottfried Keller wohnte und das von 1892 an durch den Bau der Kirche Enge verdeckt wird.*

52 *Am Bellevue im Sommer 1894. Am 8. März dieses Jahres hatte das Hottinger Tram, die erste elektrische Strassenbahn Zürichs, ihren Betrieb aufgenommen. Wegen der starken Steigung kam Pferdetraktion nicht in Frage. Die von der Maschinenfabrik Oerlikon entwickelten Motoren leisteten 18 PS.*

53 *So sah das Hottinger Tram von der Nähe aus. Hier vor der Quaibrücke musste das Tram wenden, da die Stadt ein Überfahren der Brücke «aus ästhetischen Gründen» nicht erlaubte. Das Tram fuhr vom Bellevue über den Kreuzplatz zur Burgwies und über den Pfauen und den Römerhof zum Kreuzplatz. «Anschluss an die Dolderbahn» lesen wir an der weissen Tafel über den Wagenfenstern.*

54 *Als erste Privatbahn ging das Hottinger Tram, das offiziell «Elektrische Strassenbahn Zürich AG» hiess, am 1. Juli 1896 in den Besitz der Stadt über, ihr folgte im kommenden Januar Zürichs Rösslitram, die «Zürcher Strassenbahnen AG». Damit war Zürich die erste Stadt Europas, die ihre Strassenbahnen kommunalisierte. Ende 1898 fuhr das erste Tram über die Quaibrücke, vom Bellevue zum Bahnhof Enge. Aufnahme: Blick vom Hotel Bellevue über die Quaibrücke und die «Schlösser» am Alpenquai (heute General Guisan-Quai) zur Kirche Enge. Aufnahme um 1900.*

55 *Vor dem «Odeon» im Frühling 1909. «An der unteren Rämistrasse, wo zwischen der Häuserzeile der Torgasse und der genannten Strasse der letzte Rest des einstigen Stadtgrabens sich zeigte und niedere Ladenbauten und Baracken aus der seligen Biedermeierzeit gar nicht mehr zu dem jetzigen grossstädtischen Verkehr dieser Strassenecke passen, wird sich nun die Neuzeit auch architektonisch mit zeitgemässen Wohn- und Geschäftsbauten zur Geltung bringen. Die hier geplante Baute wird diesem Teil Neu-Zürichs eine Zierde sein», meldete Ende Mai 1909 in der «Zürcher Wochen-Chronik» der Journalist Carl Stichler, der wirklich so hiess und gar nicht die Absicht hatte, seiner Zeit am Zeug zu flicken. Trotzdem kam er nicht darum herum, Oberst Julius Uster, der hier ein Stücklein Weltstadt plante, eine gefährliche Portion Wagemut vorzu-*

werfen. In der Tat hatte der Oberst, Kaufmann, Agent und Fabrikant für das Grundstück Ecke Rämistrasse/Limmatquai mit Fr. 4100.– pro bebaubaren Quadratmeter fast zehnmal soviel bezahlt wie bei einer ähnlichen Handänderung zehn Jahre zuvor. Aber Uster, ein unternehmungslustiger Witwer, ging aufs Ganze. Der von den Architekten Bischoff und Weideli geplante «Usterhof» sollte Fr. 400 000.– kosten, was mit einigem Optimismus und ein paar guten Freunden wohl aufzubringen war. Doch die Kosten überstiegen den Voranschlag und Usters Solvenz. Mitte 1910 wurden die Bauarbeiten abgebrochen. Monatelang stand das halbfertige Haus da, eine Spekulationsruine ohne Zweck und Zukunft. Doch dann geschah das Wunder, das alles wandelte: Julius Uster gewann das grosse Los der Spanischen Nationallotterie.

Am 1. Juli 1911 wurde der «Usterhof» eröffnet, darin das Café Odeon. Die vergessenen Toiletten wurden noch in den letzten Wochen eingebaut. Über die künstlerische Ausstattung des Wiener Cafés stritten sich die Geister. Der rötliche Marmor der Wandverkleidung gab dem «Odeon» bald den Namen «Café Schwartenmagen». Dass es trotzdem Zürichs bedeutender Literaten-, Künstler- und Kulturtreffpunkt wurde, wusste man bald in Berlin, Paris, Rom und New York. Seine Stammkundschaft reichte von Arp bis Zweig, von Einstein bis Sauerbruch, von Bussoni bis Lehár, von Moissi bis Tilla Durieux, von Trotzki bis Ulrich Wille.

Bis die kaugummikauende «Jugend» das Café für sich reklamierte und die Stammgäste sich verzogen. 1971 meinte N. O. Scarpi, die neue Leitung sei anscheinend weniger auf vollwertige als auf vollbärtige Gäste bedacht. Die heutige Vernunftehe «zwischen Kommers und Kommerz», wie der «Tages-Anzeiger» einmal meinte, hat vom guten alten «Odeon» kaum mehr als den Namen gerettet.

56 *Das Bellevue im Sommer 1890. Rechts im Bild die alte Tonhalle, die in sechs Jahren abgebrochen wird. Hinter ihr – hier noch nicht sichtbar – ist bereits mit dem Bau des Stadttheaters begonnen, das am 30. September 1891 eingeweiht wird. Im April 1890 wurde im übrigen das ärgerliche Variété-Theater Corso (helles Haus über der Bildmitte) eröffnet, vor dessen Besuch die Schulpflege nicht genug warnen konnte. Die Tonhallenstrasse, die vom Bellevue zwischen dem Corso und der Tonhalle in die Tiefe führt, wird ab 2. November 1898 Theaterstrasse heissen.*

57 *Die alte Tonhalle um 1895. Auf dem heutigen Sechseläutenplatz anno 1839 als Kornhaus erbaut, diente das unzweckmässige und ausgesprochen hässliche Gebäude von 1860 an als Synagoge, Fechtboden, Dienstmänneranstalt, Schreinerwerkstätte, Holzlager und Trödlerbude. Als das Eidgenössische Musikfest 1867 bevorstand, sollte das «Ratzennest» ausgehöhlt und in einen Musiktempel verwandelt werden, der aber auch profanen Zwecken, vor allem der Gemeindeversammlung, dienen sollte. Die Kirchenpflege St. Peter hatte zu verstehen gegeben, dass ihr die Gemeindeversammlung in ihrem Gotteshaus nicht mehr passe.*

Ausgerechnet im St. Peter sollte am 3. März 1867 über die umstrittene Sache abgestimmt werden. Wegen anderer wichtigerer Traktanden dauerte die Versammlung in der «absichtlich nicht geheizten» Kirche den ganzen Tag. Der bereits kränkliche Musikdirektor Wilhelm Baumgartner, der Komponist von «O mein Heimatland...», hielt bis am Abend durch, um auf jeden Fall für das Tonhalleprojekt zu votieren. Die Erkältung, die er sich dabei geholt hatte, führte nach zwei Wochen zu seinem Tod.

Die frierende und verärgerte Gemeinde stimmte überraschenderweise dem Umbau zu, und die Kornhaus-Tonhalle bestand die Probe am Musikfest aufs glänzendste. Das Fest führte zur Gründung der Tonhalle-Gesellschaft, die den Unterhalt des Orchesters und die Führung der Konzertangelegenheiten besorgte. Das auch im benachbarten Stadttheater (Bildhintergrund) spielende Orchester zählte 32 Mann, konnte aber verdoppelt werden, wobei auch einzelne Amateure zu Ehren kamen. Zu den Abonnementskonzerten erschienen die Weiblichkeiten in grosser Toilette, die Herren im Frack. Besonders vornehme Damen liessen sich noch in Sänften zur Tonhalle tragen.

Diese Idylle dauerte bis in die neunziger Jahre. Mit dem Ausbau der Quaianlagen war schliesslich das Urteil über die alte, äusserlich nicht schöner gewordene Tonhalle gesprochen. Die «neue» wurde im Oktober 1895 vier Tage lang eröffnet, die alte aber im folgenden Sommer abgebrochen. Niemand trauerte ihr nach.

58 *Blick um 1893 über den Palmengarten der alten Tonhalle gegen das Fraumünster mit dem Kornhaus.*

59 *Das Schweizerische Unteroffiziersfest 1897 fand auf dem Alten Tonhalleplatz statt. Dem Geschmack der Zeit entsprechend, wurden die Gäste in einer trutzigen Holzburg empfangen. Über dem Hauptportal stand auf einer bekränzten weissen Tafel der Willkommensspruch:*

> *Hier ziehet ein, Helvetiens wackre Söhne,*
> *Wo einst der Musen grauer Tempel stand:*
> *Wo einst geübt das Volk im Reich der Töne,*
> *Da übet nun zum Schutz fürs Vaterland.*
> *Doch nicht allein lasst üben uns im Wehren,*
> *Nein lasst uns auch die Kameradschaft mehren!*

60 *Am Bellevue um 1896. Links das Hotel Bellevue. Die Zentrale Zürichbergbahn, die seit 1895 vom Bellevue zur Kirche Fluntern und in einer Zweiglinie nach Oberstrass fuhr, erkannte man von weitem an ihrer üppigen Dachreklame. Dahinter der neueste Motorwagen der Städtischen Strassenbahn. Rechts der Pferdedroschkenstand.*

61 *Die «Kronenhalle» am 26. Juli 1905, beflaggt für das Eidgenössische Sängerfest.*

62 *Die enge Freieckgasse behielt ihre Handwerkeratmosphäre bis in die jüngste Zeit. Aufnahme: 25. Juni 1930.*

«Fahr hin du altes Nest...»

63 *Der Durchstich der Rämistrasse durch den Moränenhügel, der von der Hohen Promenade bis zur Winkelwiese hinüberreichte, war eine vielbewunderte Sache. Nicht nur wegen der riesigen Schaufelarbeit, die hier geleistet wurde, entscheidend war die längst herbeigesehnte Verkehrsentlastung der rechtsufrigen Wohnquartiere. «Der Durchbruch», wie der Bau der unteren Rämistrasse damals schlechthin genannt wurde, bildete denn auch das Hauptsujet des Sechseläutenumzugs 1837, «von der löblichen Weggenzunft mit einer Equipage voller Architekten und einem Gefolge schaufel- und pickelbewehrter Lazzaronis dargestellt», wie die zeitgenössische Presse meldete.*
Aber trotz des Festjubels «Fahr hin du altes Nest, das uns geboren, die neue Zürich reisst mächtig mich dahin», war der Rämidurchstich noch kein Durchbruch zu einer neuen Verkehrskonzeption. Bis gegen den Pfauen hinauf erstreckte sich jahrzehntelang nur eine schmale «hohle Gasse», die nur im unteren Teil jene schmale plätzchenartige Erweiterung besass, auf der seit 1935 der scheinbar immer etwas zu schnell laufende Brunnen steht. Dort lag die lange, ringsum offene Halle für den Kartoffelmarkt. «Eine windige Holzbude, keine Zierde der Gegend!»
Erst mit der 1884 eröffneten Quaibrücke bekam die Rämistrasse Bedeutung: Sie sollte zum mondänen Geschäftsboulevard ausgebaut werden. «Unter den neuen Strassenzügen nimmt ihre grossartige Korrektur eine hervorragende Stelle ein», schrieb das «Tagblatt». «Im August 1885 wurde der darauf bezügliche Bauvertrag genehmigt, der alte Kartoffelmarkt 1887 in eine Anlage verwandelt und mit der Waldmannstrasse der Durchbruch zur Neustadt vorbereitet.» Dass dieser Durchbruch unterblieb, bedauert heute niemand.
Unser Bild «Bauperiode 1884/87» aus dem Baugeschichtlichen Archiv zeigt die Vorbereitungsarbeiten für die Häuser Rämistrasse 23–31. Unten an der Strasse rechts ist am breiten sonnenbeschienenen Dach noch die alte Kartoffelmarkthalle zu erkennen.

64 *«Unter den neuen Strassenzügen und Korrektionen nimmt die grossartige Korrektion der Rämistrasse eine hervorragende Stelle ein. Der alte Kartoffelmarkt wurde in eine Anlage verwandelt», schrieb der Chronist. Aufnahme 1886.*

65 *Blick um 1909 auf die Einmündung der Oberdorfstrasse in die Rämistrasse und das Bellevue. Baustangen deuten bereits die Lage des künftigen «Usterhofes» mit dem «Odeon» an. Auch die Tage der Sonnenapotheke an der Torgasse sind gezählt. «Zwischen der Rämistrasse und der Torgasse ist in den Jahren 1909/1910 einer der ältesten Stadtteile abgetragen worden, um dem modernen Block der Denzlerhäuser Platz zu machen. Mit ihm verschwand der letzte Rest des alten ‹Grabens›, durch den Hans Waldmann 1489 zum Hochgericht geführt wurde», meldete die Presse.*

66 *Die Rämistrasse im Jahre 1885 vor ihrer Verbreiterung. Links die alte Kartoffelmarkthalle.*

67 *Rämistrasse und Bellevue um 1912. Noch steht am linken Bildrand der 1935 abgetragene «Schönenhof», in dessen Vorgänger, einem Patrizierhaus, einst Goethes Vertraute Barbara Schulthess wohnte.*

Am «Pfauen»

«Oben an der Rämistrasse, Ecke Zeltweg, steht das ehemalige Gasthaus zum Pfauen. Sein Name ist auf das am Zeltweg ihm gegenüber errichtete Sommertheater und dann auf die grosse Baute Heinrich Hürlimanns zum ‹Pfauen› übergegangen. Im neuen ‹Pfauen› (dem heutigen Schauspielhaus) fand am 9. März 1887 der erste Maskenball statt. In den Jahren 1875 bis 1879 wurde zur Verbindung der neuen schönen Hottingerstrasse mit dem Hirschengraben die Heimstrasse angelegt, auf welcher 1883 die schweizerischen Sänger ihrem Ignaz Heim ein Denkmal errichteten», berichtete 1914 der Chronist über die lange Zeit recht bewegte Bausituation am Pfauen, wie der Heimplatz noch heute im Volksmund heisst. Ignaz Heim (1818–1880) von Laufenburg war Komponist und Förderer des Volksgesangs. Seit 1852 wirkte er in Zürich. Heinrich Hürlimann-Egli stammte aus Dürnten und wurde 1882 Bürger von Hottingen. Als gelernter Küfer betätigte er sich später als Wirt, Theaterbesitzer und Spekulant. Kaum war der Pfauenkomplex beendet und das Theater mit dem Restaurant in Betrieb, erwarb Hürlimann über dem Römerhof einen halben Quadratkilometer Bauland, das er durch die Seilbahn Römerhof–Dolder erschloss. 1899 wurde er Verwaltungsratspräsident der «Dolderbahn Actiengesellschaft», der auch das Waldhaus Dolder und das Grand Hotel Dolder gehörten. Aus unerklärlichen Gründen trat er schon nach einem Jahr zurück. Bei seinem Tode im Herbst 1911 erschien in der Presse nur ein knapper Nachruf von wenigen Zeilen.

68 *Der Weg aus der alten Stadt nach Hottingen führte von der Kirchgasse durch das Lindentor und die Krautgarten-*

gasse. An ihrem unteren Ende stand das Café Ost, das 1954 «nach einem nächtlichen Abschiedsfest der Studenten mit Vollwichs, Salamander, splitternden Gläsern und wehmütigen Gesängen» dem Erweiterungsbau des Kunsthauses weichen musste. Aufnahme um 1914. Rechts das ebenfalls abgebrochene Haus zum Lindenhof, Beispiel eines altzürcherischen Herrensitzes zwischen Stadtmauer und Schanzenbefestigung.

69 *Blick auf die verbreiterte Rämistrasse gegen den «Pfauen». Aufnahme um 1895.*

70 *Blick um 1890 auf den Heimplatz mit Ignaz Heim-Denkmal und Pfauentheater. Links die Hottingerstrasse, rechts der Zeltweg. Am rechten Bildrand das alte Haus zum Pfauen, das dem Theater den Namen gab. Der Schauspielhauskomplex wurde 1888/89 erbaut und die Fassade 1976/77 nach den ursprünglichen Plänen restauriert.*

Rund ums Stadttheater

In der Neujahrsnacht 1890 fiel das Actien-Theater an den Unteren Zäunen einem Feuer zum Opfer. Schon drei Jahre vorher hatte Jean Nötzli, Redaktor seines in Zürich gegründeten «Nebelspalters», geschrieben, das Theater in der ehemaligen Barfüsserkirche entspreche modernen Ansprüchen nicht mehr, und der Ruf nach einer Neuschöpfung werde immer lauter. Durch den Brand wurde die Diskussion um eine Renovation des Actien-Theaters gewissermassen gegenstandslos.
Gleich nach der Unglücksnacht traten die Aktionäre zusammen und beschlossen, nicht lange auf ein Theater verzichten zu wollen. Vier Monate später war die Finanzierung gesichert. Die Stadt stellte den Bauplatz und 200 000 Franken zur Verfügung. Den Rest von 1,75 Millionen brachten die Bürger auf. Nach weiteren siebzehn Monaten fand die Eröffnung statt. Dies war nur möglich, weil die bekannte Wiener Theaterbaufirma Fellner und Helmer gerade ein nicht ausgeführtes Wettbewerbsprojekt für die Stadt Krakau in der Schublade hatte, mitsamt den Sockeln, Kolonnaden, Balustraden, Allegorien und der ganzen Gold-Kristall-Plüsch-Atmosphäre des Fin de siècle. Das Theater verstand sich im übrigen durchaus als moralische Anstalt. «Das Gute zu lehren, dem Bösen zu wehren!» steht neben dem Bühnenportal.
Am 30. September 1891, vormittags 10½ Uhr, erfolgte die Schlusssteinlegung und die Übergabe der Schlüssel durch Herrn Helmer an Herrn Eisenhändler Sebastian Kisling, Präsident der Theatergesellschaft. Abends sprach die Schauspielerin Clara Markwart den von C. F. Meyer verfassten Prolog. Böse Zungen behaupteten zwar, das junge Wesen hätte den Meyerschen Text nicht eben deutlich gesprochen, doch ihr Charme hätte über die verschluckten Zeilen hinweggetröstet. Dann folgte das Festspiel des NZZ-Redaktors Carl Spitteler. Frl. Ranzont spielte die Polyhymnia, Frl. Ratzinger die Urania, Frl. Zunser die Kalliope, Frl. Zöhrer die Thalia. Die Stimme hinter der Kulisse wurde von Herrn Schrumpf verkörpert. Die Begeisterung war eine einhellige.

71 *Das in vierzehn Monaten erbaute, 1891 eröffnete Stadttheater. Aufnahme 1892.*

72 *Die letzten Umgebungsarbeiten im Sommer 1891.*

73 *Das Zürcher Stadttheater, eine Zürcher Sehenswürdigkeit, gilt heute noch als eines der schönsten Theater Europas. Aufnahme um 1895.*

74 *Die NZZ-Chauffeure im April 1928 vor ihrem neuen Lieferwagen.*

75 *Nächster Nachbar des Stadttheaters wurde am 1. Januar 1894 die «Neue Zürcher Zeitung», die vorher ihren Sitz an der Brunngasse hatte. Als erste Schweizer Zeitung erschien sie nun dreimal am Tag. Bild: Der Neubau, wie er sich 1894 bis 1899 präsentierte.*

Zürichs Seepromenade: das Utoquai

76 *Blick vom Zürichhorn um 1889 gegen die Stadt. Noch steht am rechten Ufer die alte Tonhalle und beim Fraumünster das schöne Renaissancekaufhaus.*

77 *Um 1870 am Schiffsanlegeplatz bei der Holzschanze. Links der Raddampfer «Stadt Zürich», der 1869 am Heck eine Raucherkabine und ein Sonnensegel erhielt. Eben in See sticht die «Gustav Albert». Im Hintergrund das Zürichhorn.*

78 *Am Utoquai, bei der ehemaligen Holzschanze, um 1894. Am Schiffssteg Theater: Rechts die «Concordia». Das direkt am Steg liegende Schiff ist vermutlich der Raddampfer «St. Gotthard». Am Horizont das Zürichhorn mit dem 1893 eröffneten Stadtcasino. Aufnahme 1894.*

Am Alpenquai

«Grossartige Privatbauten sind ums Jahr 1893 am Alpenquai (seit 1960 General Guisan-Quai) entstanden: das Rote Schloss und das Weisse Schloss, dazwischen 1900 das Palais des Seidenfabrikanten und Kunstmäzens G. Henneberg mit Kunstgalerie. Die Architekten Fellner und Helmer in Wien, durch den Theaterbau gut eingeführt, erhielten im April 1893 auch den Auftrag für den Neubau der Tonhalle. Sowohl das Theater wie die Tonhalle sind ‹Pfahlbauten›: ersteres steht auf 1830, letztere auf 2120 Pfählen, die in die Seeauffüllung gerammt werden mussten», schrieb der kenntnisreiche Redaktor S. Zurlinden nach der Jahrhundertwende.

79 «*In den glanzvollen Tagen vom 19. bis 22. Oktober 1895 fand die Eröffnungsfeierlichkeit für die Tonhalle statt, eingeleitet durch eine Festouverture von Hegar und eine prächtige Rede des Präsidenten der Tonhalle-Gesellschaft, alt Pfarrer Frick-Forrer. Für das erste Konzert im Prunksaal der neuen Tonhalle am 20. Oktober hatte der gemischte Chor das ‹Triumphlied› von Johannes Brahms gewählt, und der Meister selbst dirigierte die Aufführung. Ein Beifallssturm ging durch das Haus, als er erschien; die Geiger erhoben sich und klopften mit dem Fiedelbogen auf die Notenpulte, Sänger und Publikum klatschten und riefen Bravo.*»
In der Beurteilung der im Stile des Trocaderos erbauten Tonhalle gab es aber einige Misstöne. NZZ-Redaktor Emil Frey nannte sie äusserlich einen chinesisch-mexikanischen Renaissancebau. «*Aber inwendig ist es noch viel herrlicher; zweifellos schwebte dem Erbauer der Tempel des Herodes in Jerusalem vor, und es ist ein grosses unverdientes Glück, dass die vortreffliche Akustik die mangelnde Einfachheit ersetzt.*» *Aufnahme der Tonhalle kurz vor der Eröffnung.*

80 *Den Abschluss des Alpenquais markiert ein roter Sandsteinbau in Anlehnung an den Stil der rheinischen Frührenaissance, 1897/98 für die Schweizerische Lebensversicherungs- und Rentenanstalt erbaut.*

81 *Das 1890–93 in den Formen des französischen Frühbarocks errichtete Weisse Schloss, dahinter das Rote Schloss, 1891–93 im feudalen Stil der Loire-Schlösser erbaut. Aufnahme um 1897.*

82 *Blick von der Strandpromenade auf Tonhalle und Rotes Schloss. Am linken Bildrand das Palais Henneberg. Aufnahme um 1900.*

Abschied vom Fröschengraben

83 *Der etwa sechs Meter breite Fröschengraben gehörte zur im 12. und 13. Jahrhundert angelegten Zähringischen Stadtbefestigung. Im Frühling 1864 wurde er aufgefüllt und eingeebnet, um der geplanten Bahnhofstrasse Platz zu machen. Ursprünglich war diese nur vom Bahnhof zum Paradeplatz geplant, da sich auf der heutigen Kreuzung Bahnhofstrasse/Börsenstrasse der Baugartenhügel mit dem mittelalterlichen Kratzturm erhob. Aufnahme im Frühling 1864. In der Bildmitte das Augustinerbrücklein, am Horizont der Kratzturm, der 1877 fiel, rechts daneben das 1859 erstellte Sprüngli-Haus am Paradeplatz. Rechts mit den beiden grossen Kaminen das Haus zum Grabengarten, das 1916 der Schweizerischen Bankgesellschaft Platz machte.*

Die obere Bahnhofstrasse

84 *Ein Blatt aus dem Pionieralbum. Zugegeben, die Bildqualität ist nicht gerade das, was eine brillante Reproduktion erwarten lässt. Im Gegenteil. Dem unbekannten Photographen dürfen die mangelnden Schärfen und Kontraste jedoch nicht angelastet werden. Er war noch einer jener Pioniere, die sich mit wenig empfindlichen Kollodiumplatten, ellenlangen Belichtungszeiten und gesäuerten Fixierlaugen abplagten. Dass es sich trotzdem um eine erstklassige Trouvaille des Baugeschichtlichen Archivs handelt, gilt es zu beweisen.*
Wo befinden wir uns eigentlich? – Mitten auf der heutigen Bahnhofstrasse, und zwar an der Stelle, wo jetzt links im Vordergrund das Plätzchen mit dem Juno-Brunnen liegt. Das von einer kleinen Brücke überwölbte Bachbett ist der Fröschengraben, der 1865 zum Bau der Bahnhofstrasse aufgefüllt wurde. Der weisse, vornehme Baukörper mit der grabenseitigen Säulenfassade muss somit das heutige «Savoy» sein, 1838 als «Hôtel Baur» eröffnet und später «en ville» zubenannt. Dahinter bemerken wir den zweistöckigen Westflügel des gleichzeitig in Betrieb genommenen Postgebäudes, das der Poststrasse den Namen gab, und anschliessend den behäbigen «Kappelerhof», wo bis zur Reformation der Einzüger des Kappeler-Klosters wohnte und heute der grosse gleichnamige Häuserblock steht. Den markanten Abschluss unserer kleinen Entdeckungsreise in die Vergangenheit bildet der vor hundert Jahren abgebrochene mittelalterliche Kratzturm, der sich auf der heutigen Kreuzung Börsenstrasse/Bahnhofstrasse erhob.
Wann ist das Bild entstanden? Der riesige Baum, der das Hotel Baur bei weitem überragt, muss die am 28. März 1857 gefällte Tiefenhoflinde sein. Sie stand dort, wo heute das Sprüngli-Haus liegt. Das Bild muss also 1855 oder 1856 gemacht worden sein als älteste Photographie einer Zürcher Strassenszene.

85 *Kratzturm und Baugarten im Jahre 1876. Die obere Bahnhofstrasse vom Paradeplatz zum See wurde erst in den achtziger Jahren des vorigen Jahrhunderts erbaut. Zuerst musste der Baugartenhügel abgetragen werden, dessen mittelalterlicher Wehrturm direkt über der heutigen Kreuzung Bahnhofstrasse/Börsenstrasse lag. Neben dem Turm befand sich ein idyllisches Gartenrestaurant. Wirt*

war der Vater des späteren Dichters Ernst Zahn. Aufnahme: Baugartenrestaurant und Kratzturm von der Seeseite. Rechts im Bild die Häuser des Kratzquartiers, ganz links die ersten Häuser der mittleren Bahnhofstrasse.

86 Die obere Bahnhofstrasse um 1883. Links die Häuser des Zentralhofs und des Kappelerhofs mit dem «Gryffenberg», anschliessend die Stadthausanlage. Rechts die «Tiefenhöfe» und das Seidenhaus Henneberg.

87 Der Sitz der Kantonalbank 1874–1901. Im Jahre 1872 kaufte die Kantonalbank das Wohnhaus zur Marienburg und richtete es als Geschäftshaus ein. 1900–1902 wurden die «Tiefenhöfe» für den Bau eines grossen Kantonalbankgebäudes abgebrochen. Aufnahme an einem Wochenmarkt 1894. Rechts im Hintergrund der «Vordere Tiefenhof» und das Sprüngli-Haus.

88 Blick von den Stadthausanlagen auf die obere Bahnhofstrasse. Links die 1880 eröffnete alte Börse und das Haus Henneberg. Rechts mit Türmchen das prunkvolle Wohn- und Geschäftshaus des Finanzmagnaten Adolf Guyer-Zeller, in dem sich während Jahrzehnten das Seidenhaus Grieder befand. Aufnahme um 1885.

89 Schanzengraben und Hotel Baur au Lac. Der 1844 von Johann Jakob Keller errichtete Biedermeierbau wurde 1875 nach Süden erweitert. Aufnahme um 1885.

90 Zwischen Bahnhofstrasse und St. Peter. Wo seit 1913 das «Peterhof» genannte Grieder-Haus steht, erhob sich vorher die Villa Windegg. Sie war das erste «neumodische» Privathaus im Villenviertel an der Bahnhofstrasse und gehörte seit 1886 dem «Seidenkönig» Robert Schwarzenbach-Zeuner. Auf unserem Bild vom Sommer 1911 ist vom «Windegg» nur noch die Abbruchstelle zu sehen. Doch die barocke Villa wurde nicht einfach dem Erdboden gleichgemacht, sondern ihrer ausserordentlichen Schönheit wegen Stein um Stein abgetragen und an der Bellerivestrasse 10 wieder aufgebaut, wo sie heute noch steht.
Verglichen mit heute scheint von der damaligen Umgebung nicht mehr viel erhalten geblieben. Aber der Schein trügt. Das Haus zum Brunnen links im Bild wurde zwar 1914 abgetragen, aber das Haus zum Brunnen ist an der Steinhaldenstrasse als «Brunnenhof» wieder auferstanden, und das treppengiebelige Haus, einst «Venezianisches Zeughaus», steht heute noch. Seit dem 17. Jahrhundert waren darin aus Venedig gelieferte Waffen gelagert worden, 1868 wurde es in ein Wohnhaus umgewandelt, in dessen Erdgeschoss sich das Lederwarenhaus Pirani, In Gassen 8, befindet. Noch steht auch die inzwischen viel mächtiger gewordene Platane rechts im Bild, die sich heute neben der Seitenfront des Grieder-Hauses erhebt. Und hinter dem Baum, wo wir «Eisenhandlung Baer & Co.» entziffern, prangt jetzt die Aufschrift «Zeughauskeller». Denn im «Zeughauskeller» lebt das «Alte, grosse oder gelbe Zeughaus» weiter, das 1487 als erstes Büchsenhaus «In Gassen» errichtet wurde.

91 Blick um 1896 vom St. Peter-Turm auf die Bahnhofstrasse. Der dominierende Block in der Bildmitte ist die Schweizerische Kreditanstalt, davor am unteren Bildrand die Villa Windegg. Links der Kreditanstalt der Paradeplatz. Am linken Bildrand das Hotel Baur en Ville, das Sprüngli-Haus und der Bleicherweg. An der Stelle des Bankvereins steht noch der treppengiebelige «Neuenhof», in dem 1654–1717 der Zürcher Scharfrichter wohnte.

92 Die Zürcher Kantonalbank 1902–1964. Der aufwendige Prachtsbau im Stil der Neurenaissance, der an souveräne städtische Republiken wie Florenz und Siena erinnerte und für repräsentative öffentliche Bauten der Jahrhundertwende am geeignetsten schien. Aufnahme um 1900.

93 Die obere Bahnhofstrasse um 1875. Als der Zuckerbäcker Rudolf Sprüngli sein Etablissement 1859 von der Marktgasse an den Paradeplatz verlegte und ihm sogleich weltstädtische Dimensionen gab, war das eine Spekulation, die sich nicht erfüllte und trotzdem als richtig erwies. Der junge Konditor glaubte nämlich, dass der neue Bahnhof, der damals geplant wurde, an den Paradeplatz zu stehen kommen werde. Doch die Rechnung ging anders auf. Zürichs Stimmbürger entschieden sich für den Bau der Bahnhofstrasse anstelle des Fröschengrabens. In der Folge wurden die Stadtmauern geschleift und vom Bahnhof zum Paradeplatz eine Avenue gebaut, die in ihrer Breite recht sinnlos schien. Dass sie zur Zürcher Prachts- und Paradestrasse wurde, sah niemand voraus. Einer Verlängerung bis zum See stand ein grosses Hindernis im Wege. Mitten auf der heutigen Kreuzung Bahnhofstrasse/Börsenstrasse lag ein Moränenhügel, auf dem sich als letzter aufragender Zahn aus der Reihe der linksufrigen Befestigungstürme der «Kratz» erhob: «Eine nicht gar schöne, aber romantische Wohnung für Fledermäuse und gewisse Frauenzimmer, die es schwer haben, ein heimliches Stübchen zu finden.» Die ganze Anlage mit einem beliebten Aussichtsrestaurant wurde «Baugarten» genannt. Hier traf sich die vornehme Baugartengesellschaft mit ihren Freunden, von Alfred Escher über Gottfried Keller bis zu Gottfried Semper. Doch da tauchte das Börsenprojekt auf. Die Börse sollte in das Baugartenareal hineingestellt werden, und es bestand Gefahr, dass eine dafür bestimmte private Schenkung von 500 000 Franken dahinfallen könnte, wenn die gewünschte Frist nicht eingehalten würde. Alles Lamento der Baugartengesellschaft nützte nichts. Die Stimmbürger entschieden sich für den Bau der Strasse. Im Frühling 1877 wurde mit dem Abbruch des «Baugartens» begonnen. Die dadurch entwurzelte Gesellschaft

verlor bald den Zusammenhang, sie wurde jedoch erst 1904 vom letzten noch lebenden Vorstandsmitglied aufgelöst.

Am Paradeplatz

94 *Die von Alfred Escher gegründete und von Friedrich Wanner, dem Bahnhofarchitekten, 1873–76 erstellte Schweizerische Kreditanstalt. Davor der Droschkenstandplatz. Aufnahme um 1878.*

95 *Kuppelbau des Schweizerischen Bankvereins mit einem über zwei Geschosse reichenden Prunkportal. Aufnahme 1898.*

96 *Das Hotel Baur am Paradeplatz, 1838 als «Prototyp aller Gasthäuser der Welt» eingerichtet, wurde bald das erste Haus am Platz. Der Stolz des Hauses waren die ionischen Säulen und ein Dachgarten mit Orangenbäumen. Rechts mit gewölbter Baulinie das 1859 von Gustav Albert Wegmann erbaute Sprüngli-Haus, das erste richtige Geschäftshaus Zürichs. Aufnahme um 1898.*

Rund um Zürichs neues Geschäftszentrum

Der Paradeplatz, ursprünglich «Säumärt», von 1614 an weniger despektierlich «Neumärt» geheissen, war lange nichts anderes als ein kleines Vorplätzchen vor dem Stadttor nach Wollishofen. Das einzig wichtige Gebäude war das Zeughaus zum Feldhof. Bedeutung bekam der Platz durch den Bau der Poststrasse und des Hotels Baur im Jahre 1838. Seit 1863 Paradeplatz geheissen, hatte er keinen direkten Zugang zum Bahnhof. Durch den Bau der Bahnhofstrasse erst wurde er zu einem neuen Zentrum Zürichs, dessen Bedeutung sich bald ringsum spürbar machte.

97 *Blick um 1898 in die Poststrasse. Rechts der ehemalige Posthof, der mit dem Hotel Baur zusammen eingeweiht wurde. Er war das schönste und bedeutendste Postkutschenzentrum der Schweiz, das durch den Bau der Eisenbahnen seine Bedeutung jedoch bald einbüsste.*

98 *Halle der im April 1898 von Emil Schmid-Kerez eingerichteten neuen Post am Stadthausquai, der heutigen Fraumünsterpost. Aufnahme kurz nach der Eröffnung.*

99 *Im Biergarten zum Strohhof um 1905. In der ersten Hälfte des vorigen Jahrhunderts richtete der Bierbrauer Heinrich Hotz im «Strohhof» eine Brauerei ein. «Die damals noch nicht allzu verwöhnten Gaumen fanden das Hotzsche Eigenbräu nach ihrem Geschmack, und reichlich wurde das Bierhaus heimgesucht, um so mehr, als die Lage inmitten der Stadt eine günstige war, weil man ungesehen hineinschlüpfen und ausser dem Flüssigen die Annehmlichkeiten eines Plätzchens im Freien geniessen konnte. Allzu weltlich ging es aber nie zu, denn die Nähe St. Peters, dessen Turm hoch herniederschaute und dessen Geläut stets daran erinnerte, was es geschlagen hatte, und schliesslich das Pfarrhaus in Sichtweite, bildeten eine Sphäre, die jeden Tingeltangel ausschloss.»*
In den sechziger Jahren drohte die Stadt dem Wirt einen Strich durch die schöne Biergartenrechnung zu machen: sie erwarb die Liegenschaft, weil sie gerade hier einen Graben durch den Kirchenhügel schaufeln wollte, um zwischen der neuen Bahnhofstrasse und dem Weinplatz eine Verbindungsstrasse zu bauen. Viele waren von der kühnen Idee begeistert. Noch 1905 schrieb die «Wochenchronik»: «Das Projekt erlitt Anfechtungen und unverständigen Widerstand. Man brachte es, trotz zweimaligen Anlaufs, nicht weiter als zu der Sackgasse, heute Peterstrasse genannt, welche – vielen unverständlich – für alle Zeiten ein Stummel bleiben zu müssen scheint. Die alten Herren können also allabendlich beruhigt ihren Stammtisch im ‹Strohhof›-Garten aufsuchen, sie brauchen sich nicht anderswo nach einer Unterkunft umzusehen. Im Stadthaus denkt wohl kein Mensch mehr daran, störend einzugreifen. Leise nur zieht ab und zu durch dieses und jenes stadträtliche Gemüt die Erinnerung an den Kauf des ‹Strohhofs› und an die Gründe, die selbigen veranlassten.»

100 *Fortschritt am Paradeplatz. Im Sommer 1900 ging es darum, «den fulminanten Fortschritt auf dem Feld der elektrotechnischen Bewegung auch dem verehrlichen Zürcher Publikum dienlich zu machen». Die «Zürcher Wochen-Chronik», eine damals vielgelesene «Boulevardzeitung» veröffentlichte am 22. September diese exklusive Reporterleistung und meinte dazu: «Die Umgestaltung der Strassenbahn vom Pferdebetrieb zum elektrischen ist nun im ganzen so ziemlich durchgeführt und zur Freude der Einwohnerschaft gelungen. Die unnötigen Klagen und das sinnlose Schimpfen über die Störung des Verkehrs, die Zeit der Verlegung der Baute in die Fremdensaison, kurz über alles mögliche, was damit zusammenhing, haben nicht nur aufgehört, sondern sich in ein allgemein ertönendes Lob über die Energie, die entfaltet wurde, und die Genauigkeit und Solidität der Arbeit umgewandelt. Schön sah es, wer wollte es leugnen, in den Strassen und auf den Plätzen nicht aus, was diese Ansicht des durchwühlten und mit allem möglichen Material belegten Paradeplatzes beweist. Aber wie konnte es anders sein?»*
Im vergangenen März war den Stimmbürgern der Antrag auf «Umbau der Pferdebahn zu elektrischem Betrieb» vorgelegt und begeistert gutgeheissen worden, denn «die Wohltat des Verkehrsmittels, bei schonender Fürsorge für die Angestellten, kommt der Einwohnerschaft nur auf elektrischem Wege in vollem Umfang zugute». Im Juli wurden

beim Depot Badenerstrasse 30 arbeitslos gewordene Pferde versteigert und am 1. September 20 Stück entbehrlich gewordene Pferdebahnwagen verkauft. Am gleichen Tag huschte ohne Pferdegetrappel die erste Elektrische über den Paradeplatz. Drei Wochen später schrieb die Presse: «Von verschiedenen Seiten laufen bei uns Klagen ein über die rasche Gangart des elektrischen Trams. Nicht nur sei der Lärm ein äusserst störender, sondern es werde auch, besonders in den Strassen mit Asphaltbelag, ein so fürchterlicher Staub aufgewirbelt, dass man die Fenster der angrenzenden Häuser nicht mehr öffnen könne.» Wie viel und wie wenig hat sich seither geändert!

101 *Der Speisesaal im «Metropol» um 1905. Wo heute das Schauspielhaus steht, eröffnete um 1866 «ein junger Deutscher von auffallend lebendigem Wesen, mit einem Haarwuchs von Künstlerart und freundlich-intelligentem Blick» einen bayrischen Biergarten. Die Idee war neu, und Eduard Krug verstand seine Sache. «Manche deutsche Herren Professoren, die der Weg täglich hier vorbeiführte, konnten nicht umhin, ihrem genial aussehenden Landsmann die Ehre zu erweisen; die Herren Studiosen folgten dem Beispiel, und bald wusste auch der letzte Philister, dass es im Kruggarten weiterhum das beste Bier gab.» Doch 1878 brauchte die alte Tonhalle einen neuen Wirt. Herr Eduard richtete dort den Palmengarten ein und wurde während der Landesausstellung 1883 zum Inbegriff schweizerischer Gastfreundlichkeit und gediegener Tafelfreuden. Dann hatte er genug von den hohen Herren und den tiefen Bücklingen. Als Papa Krug stand er bald da, bald dort hinter der Theke. Während zehn Jahren in der «Blauen Fahne» mit dem grossen Biergarten, wo später das Berichthaus stand, dann im «Pfauentheater», wo er begonnen hatte. Das Bauschänzli wandelte er zum Wirtschaftsgarten um. 1904 wollte er nochmals hoch hinaus. Er übernahm das «Metropol» an der Börsenstrasse. 1893–95 erbaut, hatte das «Metro» «die Ära der grossen Geschäftshäuser in Zürich eröffnet». Es faszinierte durch den künstlerischen Reichtum seiner Dekorationen und durch seine bedeutende städtebauliche Wirkung. Von der aussergewöhnlich reichen Innenausstattung, von den Billard- und Spielsälen in «maurisch-orientalischem Stil», vom Parterre-Café in hervorragendem Neurokoko und dem hier abgebildeten Kuppelspeisesaal in englischer Renaissance ist nichts mehr vorhanden. Der Prunk war zu gross und der Umsatz zu klein, trotz Herrn Eduards einnehmender Persönlichkeit. Die Gläubiger und der Fiskus machten die hohle Hand. Einige gingen leer aus. Papa Krug hatte beizeiten und mit viel Erfolg ins Bellevue-Restaurant hinübergewechselt. Heute beherbergt das aussen sorgfältig renovierte und innen barbarisch ausgehöhlte «Metropol» das städtische Finanzamt.*

102 *Stammlokal der Droschkenkutscher vor der Kreditanstalt war das alte Restaurant Landolt auf der gegenüberliegenden Seite des Paradeplatzes. 1893 liess Herr Speisewirt Conrad Landolt auf dem Areal ein klassizistisches Wohn- und Geschäftshaus errichten. Im Parterre beherbergte es wiederum das Restaurant Landolt, bis die Gaststätte 1907 in ein Café Parade umgewandelt wurde. Heute befinden sich in den stilvollen ehemaligen Restaurationsräumen die Schalter der Allgemeinen Elsässischen Bank.*

103 *Das Juno-Plätzchen mit der Villa Windegg. Die Villa – sie hatte ihren Namen ursprünglich von der zugigen Lage hier am Rande der Stadt – gehörte Robert Schwarzenbach-Zeuner (1839–1904), dem bedeutendsten zürcherischen Seidenindustriellen des 19. Jahrhunderts. Ohne seine «grossartige Generosität» wäre Zürich in den neunziger Jahren kaum zu einem so prunkvollen Stadttheater gekommen. Im «Windegg» waren Künstler immer gerne gesehen. Hier war Johannes Brahms am Abend des 20. Oktober 1895 zu Gast, nachdem er am Nachmittag das Eröffnungskonzert der neuen Tonhalle dirigiert hatte. «Im schönen Treppenhaus des ersten Stockwerkes war eine von der Tochter des Gastgebers und ihren Freundinnen bediente kleine Schankwirtschaft improvisiert worden. Hier schlug Brahms im Kreise der jungen Mädchen sein Hauptquartier auf und war nur schwer und erst in der Mitternachtsstunde zum Aufbruch zu bringen.» War diese légère Lebensauffassung mit den gewaltigen Schöpfungen des Genies vereinbar? Die Zürcher nahmen Brahms seine Freude an Wein, Weib und Gesang recht übel. Aus dem «Windegg» wurde die «Villa Windig». Die Allgemeine Musikgesellschaft musste sich schützend vor den Komponisten stellen, «um einer allfälligen Philisterhaftigkeit entgegen zu treten, die aus des Meisters fröhlichem, aufgeknöpftem Wesen unfeine Schlüsse auf seine Lebensführung im allgemeinen ziehen wollte». Schon in Zürich hatte Brahms im übrigen recht angegriffen ausgesehen, im kommenden Sommer in Wien kam eine Gelbsucht zum Ausbruch, der er im April 1897 erlag.
Das «Windegg» wurde 1910 Stein um Stein abgetragen und an der Bellerivestrasse 10 wieder aufgebaut. An seiner Stelle wurde am 10. März 1913 der Seiden-Grieder eröffnet.*

104 *Blumen- und Gemüsemarkt an der Bahnhofstrasse beim Eingang zur Waaggasse. Im Hintergrund die Schweizerische Kreditanstalt. Rechts der Juno-Brunnen, der bis 1872 an der Kirchgasse stand. Daneben der Parkeingang der Villa Windegg. Aufnahme um 1905.*

105 *Die obere Bahnhofstrasse um 1885. Rechts das prunkvolle Wohn- und Geschäftshaus des Finanzmagnaten und «Eisenbahnkönigs» Adolf Guyer-Zeller, in der sich damals die Firma Seiden-Grieder befand. Links die Börse, das Henneberg-Haus und die Tiefenhöfe.*

An der mittleren Bahnhofstrasse

106 Das Haus zum Grabenhof, das bis 1925 dem «Leuenhof» der Bank Leu gegenüberstand. Blick aus der St. Peter-Strasse im April 1918.

107 Das Haus zum Mühlestein, in dem zu Beginn des 19. Jahrhunderts der Weltumsegler, Hofrat und Astronom der russischen Flotte Dr. Joh. Horner gewohnt hatte, musste 1911 dem Geschäftshaus mit dem Café Huguenin Platz machen. Das künftige Gebäude ist bereits mit Gerüststangen ausgesteckt. Aufnahme im März 1910.

108 Eingang in die Augustinergasse, die vor dem Bau der Bahnhofstrasse an dieser Stelle zum Augustinertor führte. Aufnahme um 1895.

109 Das Haus zum Graben an der Ecke Bahnhofstrasse/Füsslistrasse wurde im Winter 1912/13 abgetragen. An seiner Stelle steht heute das Kaufhaus St. Annahof. Aufnahme 1911.

110 Der St. Annahof des Lebensmittelvereins, ein markantes Bauwerk des ausgehenden Jugendstils, erbaut 1912–14. Von rechts kommt die St. Anna-Gasse, in die Tiefe führt die Füsslistrasse zur Bahnhofstrasse.

111 Markt vor dem Haus zum Grabengarten. Links im Bild der Eingang zum 1911 erstellten Café Huguenin, in der Mitte der mächtige «Grabengarten», der 1914 dem «Münzhof» der Schweizerischen Bankgesellschaft weichen musste. Blick um 1912 vom Eingang zum Münzplatz.

112 So präsentierte sich die klassizistische mittlere Bahnhofstrasse an einem Markttag des Jahres 1883. Die linke Seite war noch nicht mit Geschäftshäusern überbaut. Die Unschärfe bewegter Figuren ergab sich aus der damals noch nötigen langen Belichtungszeit. Rechts die Einmündung der Augustinergasse. Im Hintergrund das Haus zur Trülle.

113 Das Haus zur Trülle an der Bahnhofstrasse. Zwischen dem «Grünen Seidenhof» (heute Warenhaus Jelmoli), in dem Conrad Ferdinand Meyer seine Jugendjahre verbrachte, und dem mächtigen Rondell des Rennwegtores stand einst das stattliche Haus zur Trülle. Hier verbrachte der spätere Stadtpräsident Dr. Melchior Römer seine Jugend und fast seine ganze spätere Lebenszeit. Römer, «der unvergessliche Stadtpräsident, eine vornehme, sympathische Gestalt, jeder Zoll ein Senator», hatte in Zürich und Berlin die Rechte studiert, an der Zürcher Universität 1855 doktoriert und in seiner Inauguralrede in glänzender Weise über «Die heilende Kraft der Zeit» gesprochen. 1859 wählte ihn die Zunft zur Gerwe in den Grossen Stadtrat, zwei Jahre später erhob ihn die Bürgerschaft in die Exekutive. Als Polizeivorstand sorgte er sogleich für eine schmucke Uniformierung des Polizeikorps, für die Gleichberechtigung der Juden und entliess die Nachtwächter. Trotz der «Verdriesslichkeit seines Amtes erwarb er sich die Achtung und Zuneigung der Bürgerschaft, was seinen Amtsvorgängern nur selten gelungen war». 1869 zum Stadtpräsidenten gewählt, sorgte er für einen bisher ungewohnten Verwaltungsstil: «Er wurde nie zum Bürokraten. Wie er selbst stets in freundlichem Tone jedermann Audienzen erteilte, so legte er Wert darauf, dass man überall in der Stadtverwaltung die Leute nicht ‹anschnauzte›, sondern sich hilfsbereit erwies, und dass die Beamten stets sich bewusst blieben, dass sie des Publikums wegen da seien und nicht umgekehrt.»
Die 1897, zwei Jahre nach Römers Tod, erbaute neue «Trülle» «ist durchsichtig wie eine Laterne, und das benachbarte Warenhaus Jelmoli, am 16. September 1899 eröffnet, ist ein Palast aus Glas und Eisen. Der Schritt ins 20. Jahrhundert ist gewagt», kommentierte das «Tagblatt». Aufnahme vom 25. Februar 1897.

Ein unwiederbringliches Bauwerk

114 Das Rennwegbollwerk war der mächtigste Eckpfeiler der alten Stadtbefestigung. Vor seinem Bau in den Jahren 1521–24 wurden die beiden Ratsherren Felix Grebel und Georg Göldli nach Mailand gesandt, «um von dem dortigen Kastell das Modell des neuen Turms zu holen». Ihr Reisebegleiter war der Künstler und Holzschneider Jost Amman. Beim Bau der Bahnhofstrasse wurde vergeblich versucht, das Rennwegtor aus historischen und künstlerischen Gründen der Nachwelt zu erhalten. 1865 wurde mit der Niederlegung der Baugruppe begonnen. Aufnahme um 1860. Im Vordergrund der Fröschengraben. Die Schlaguhr auf dem Turm gehörte ursprünglich zum Niederdorftor. Als dieses 1824 abgetragen wurde, kam sie auf die Sihlporte und nach deren Niederlegung 1834 auf das Rennwegtor.

Am Ötenbach

115 Die neue «Trülle», 1897 in übertriebener deutscher Neurenaissance erbaut. Wo sich einst das Rennwegtor erhob, liegt jetzt das kleine Plätzchen, von dem der Rennweg und die Ötenbachgasse ausgehen. Aufnahme um 1910.

116 Blick von der Bahnhofstrasse in die Ötenbachgasse, an deren oberem Ende das Ötenbachgefängnis liegt. Aufnahme um 1908. Den Namen erhielt die Gasse vom einstigen Ötenbachkloster, das 1286 vom Hornbach (damals Ötenbach) hieher verlegt wurde.

117 *Mitten in Zürichs Häusermeer eine gotische Kirche, gleich einem Gefängnis von einer hohen kahlen Mauer umgeben? Der Photograph stand um 1901 auf dem Lindenhof und knipste das ehemalige Ötenbachkloster kurz vor dem Abbruch. 1286 erbaut, wurde das Nonnenkloster in der Reformation aufgehoben. Bis zur Eröffnung des Waisenhauses im Jahre 1771 beherbergte es elternlose Kinder, ein Flügel war vom Kornamt belegt. Zur Hauptsache aber dienten die Klostergebäulichkeiten als kantonale Strafanstalt. Schon lange hätte man das düstere Gemäuer gern aus der Stadt weg gehabt. 1898 wurde das Zuchthausareal der Stadt verkauft und der Bau der Strafanstalt Regensdorf beschlossen. «In der Sturmnacht des 8./9. Oktober 1901 ging der seltsame Umzug vor sich. In Möbelwagen transportiert, wurden die Ötenbachinsassen nach gespenstischer Fahrt durch Nacht und Graus vor dem hochmodernen, aber uns nicht gemütlichen Pavillonbau in Regensdorf abgeladen.» Nach der Niederlegung des Zuchthauses kam im Winter 1904/05 der Durchstich des Sihlbühls zum Bau der Uraniastrasse. 1911 wurde mit dem Bau der Amtshäuser III und IV begonnen, die am 1. April 1914 bezugsbereit waren. Das war erst der Anfang eines gewaltigen Amtshäuserprojektes, das als Höhepunkt den Bau eines monumentalen städtischen Parlamentsgebäudes am limmatseitigen Abhang des Lindenhofs vorsah. So sprach denn der stadträtliche Festredner am 19. Mai 1914 bei der Einweihungsfeier der Urania-Amtshäuser die goldenen Worte: «Wenn einst dieser herrliche Bau vollendet sein wird, dann aber, meine Herren, wollen wir einmal nach alter Väter Sitte ein Fest feiern und mit allem Volk auf dem Lindenhof drei Tage lang essen und trinken!» Der bald ausbrechende Weltkrieg brachte jedoch einen empfindlichen Mangel an Arbeitskräften und damit jene heilsame Bedenkzeit, in der die vom Volk bereits beschlossenen Pläne still und heimlich zu den Akten gelegt wurden.*

Das Bahnhofquartier

118 *Blick vom Bahnhof in die Bahnhofstrasse um 1915. Rechts im Bild das Hotel National mit Steindl's Wienercafé, damals ein Treffpunkt der Schieber und Kriegsgewinnler.*

119 *Das 1882 eröffnete Grand Hotel Victoria, das den Namen seines ganzen Zeitalters trug. Aufnahme um 1885.*

120 *Die untere Bahnhofstrasse um 1885. Am rechten Bildrand das Haus zum Rennwegtor. Wo die hohe Zypresse steht, mündet heute die Uraniastrasse ein. Links die ersten Wohn- und Geschäftshäuser. Der Springbrunnen vor dem Bahnhoftor wurde 1889 durch das Alfred Escher-Denkmal ersetzt. Im Vordergrund Ausweichgeleise des einspurigen Rösslitrams.*

Am Löwenplatz

Löwenstrasse und Löwenplatz erhielten ihren Namen 1863 vom Löwenbollwerk, einer Bastion der im 17. Jahrhundert angelegten Stadtbefestigung. Zusammen mit der Überbauung der unteren Bahnhofstrasse geplant, galt die Löwenstrasse als eine stille Fortsetzung des Bahnhofplatzes. Die Hotels zogen sich bis zum Löwenplatz hinauf. Eines der bekanntesten war das Hotel Romer.

121 *Löwenplatz um 1905. Rechts das Hotel Romer, links die Parkanlage des Linth-Escher-Schulhauses.*

122 *Blick durch die Löwenstrasse gegen den Bahnhof. Die untere Löwenstrasse war von Anfang an zu schmal geraten. Doch erst 1929 wurde sie verbreitert. Aufnahme am 18. Oktober 1928.*

Vorstadtatmosphäre zwischen dem Fröschen- und dem Schanzengraben

123 *Die Hausecke links – das 1911 eröffnete Hotel Glockenhof – mit der in unserem Bildausschnitt nicht mehr sichtbaren Strassentafel «St. Annagasse» hilft uns aus der Verlegenheit: Vor uns liegt die Sihlstrasse, in der Bildmitte erhebt sich die aus dem Mittelalter stammende Steinmühle. Die Aufnahme ist am 5. Dezember 1911 entstanden. Fünfzehn Jahre später machte die Mühle dem Scala-Kino Platz, der seinerseits 1961 die Szene dem Modehaus Spengler überliess.*

124 *Der Talacker am 13. März 1910. Im Hintergrund die Kreditanstalt und der Paradeplatz. In halber Tiefe die Einmündung der St. Peter-Strasse. Das grosse Haus davor ist der «Vordere Magazinhof».*

125 *Die Bärengasse um 1920. Der «Schwarze Bären» und der angebaute «Weisse Bären» wurden 1943 abgebrochen. Im Hintergrund das in jüngster Zeit abgetragene Haus zur Arch, dahinter die «Weltkugel» und der «Schanzenhof», typische Fabrikantenhäuser des 17. Jahrhunderts, sie wurden über die Talstrasse geschoben und dienen heute als Wohnmuseum.*

126 *Die Sihlstrasse im Frühling 1910. Sie führte längs des 1901 eingedeckten Sihlkanals, der verschiedene Mühlen, z.B. die Stein- und Werdmühle, trieb. «Sila» ist ein keltischer Flussname mit der Bedeutung «die Starke».*

127 *Von rechts kommt die Talstrasse, in die Tiefe führt die Pelikanstrasse zur Bahnhofstrasse. Rechts die 1946 abgetragenen Pelikanhäuser. Aufnahme 1913.*

128 *Im Hof der Pelikanhäuser um 1913. Rechts der «Kleine Pelikan», in der Bildmitte der «Mittlere Pelikan».*

Zwischen Zürich und Aussersihl

129 *Die Sihlbrücke, bis 1867 eine gedeckte hölzerne Brücke, «durch die sich täglich 1100 Fuhrwerke und 11 000 Personen, oft mit Lebensgefahr, winden mussten», war Aussersihls wichtigster Zugang zur Stadt. Vor hundert Jahren bekam der Weg über die Brücke und durch die Badenerstrasse auch für die Zürcher eine zunehmende Bedeutung, denn am 7. Oktober 1877 wurde im Sihlfeld der Zürcher Zentralfriedhof eröffnet und zwölf Jahre später durch ein Krematorium ergänzt. Dieses war ein privates Werk des Zürcher Bestattungsvereins, dessen Gründer Johann Jakob Wegmann-Ercolani schon 1874, als die Zürcher Friedhöfe an Platzmangel zu leiden begannen, eine Propagandaschrift verfasst hatte: «Über Leichenverbrennung als rationellste Bestattungsart, dem gesunden Menschenverstand gewidmet». Und Mathilde Wesendonck, einst von Richard Wagner zum Dichten angeregt, hatte im gleichen Jahr eine «Leichenverbrennungskantate» geschrieben, die Johannes Brahms partout in Musik setzen sollte.*
Die Bedeutung des Zentralfriedhofs geht daraus hervor, dass schon am 24. September 1882, zwei Tage vor dem festgelegten Termin, das Rösslitram den Weg vom Helmhaus ins Sihlfeld unter die Hufe und Räder nahm. Unser Bild – um 1890 datiert – zeigt die Sihlbrücke und den Anfang der Badenerstrasse beim Eingang nach Aussersihl. Noch steht in der Bildmitte im Hintergrund die geschichtsträchtige, 1902/03 abgetragene St. Jakobs-Kapelle, ehemals Siechenhaus und zuletzt Bratwursterei des Konsumvereins. Die Sihlbrücke wurde 1902 abgebrochen und durch eine neue, zweigleisige ersetzt.

Zwischen Limmatquai und Hirschengraben

130 *«Das grosse Ereignis ist geschehen; die Zürichbergbahn ist in Betrieb», frohlockte die «Neue Zürcher Zeitung». «Schon der Eröffnungstag (Dienstag, 8. Januar 1889) brachte der Seilbahn einen nicht abschwellen wollenden Strom von Neugierigen, die hinauf und hinunter fahren wollten und dafür ihren Obolus entrichteten. Möge diese starke Inanspruchnahme des Unternehmens ein gutes Omen sein!»*
Die Attraktion ausgedacht hatten sich die Herren H. A. Ruge, Sohn des berühmten Philosophen Arnold Ruge, und der Ostschweizer E. Stauder, der zur Beruhigung übereifriger Lokalpatrioten «schon längst» in Zürich wohnte. Die Bahn, hinauf durch die noch rebenbestockte Leonhardshalde zur Polyterrasse, brachte willkommene Erleichterung: «im Sommer um der Hitze der Stadt zu entfliehen, im Winter um das Glatteis zu vermeiden». Die verkehrstechnische Wohltat liess aber lange auf sich warten. Zwei Projekte waren schon limmatabwärts geschickt worden, als im Dezember 1886 endlich die Baugespanne aufgerichtet werden konnten. Zwei Tage vor Ablauf der Einsprachefrist protestierten die «Einwohner des Zähringerquartiers». Man sei gar nicht gegen die Bahn, aber gegen die Brücke über den Seilergraben habe man ästhetische Bedenken, man verliere die Aussicht ins Grüne und verlange deshalb Entschädigung für den Mietwert der Häuser. Nun war auch der Stadtrat gegen die wüste Brücke. Ein «Holzmodell an Ort und Stelle» stimmte ihn um, doch das Expropriationsverfahren dauerte zwei Jahre. Bild: Holzmodellbrücke im Frühling 1887.

131 *Der Hirschengraben, wo im 18. Jahrhundert auf Staatskosten Hirsche gehalten wurden, war ein Teil der mittelalterlichen Stadtbefestigung. 1784 wurde er zur Fahrstrasse ausgebaut. Ein Teil davon, der heutige Seilergraben, wurde zwischen Niederdorf- und Neumarkttor geebnet und den Seilern als Werkplatz übergeben. Bild: die 1955 abgebrochenen Häuser Hirschengraben 4, 6 und 8 um 1900.*

132 *Die «Eintracht» am Neumarkt um 1915. Das Haus, in dem einst die Wiedertäufer gegen Staat und Gesellschaft räsonierten und das später der Schuhmacherzunft gehörte, wurde 1888 vom deutschen Arbeiterverein «Eintracht» gekauft, der 1840 als Gesangsverein gegründet worden war. 1911 als «Gewerkschaftshaus Eintracht» umbenannt, erlebte das einstige Zunfthaus alle Phasen der Entwicklung der Arbeiterbewegung. Hier traf August Bebel den Studenten Peter Karageorgewitsch, späteren König von Serbien. Hier gingen Herman Greulich, Robert Seidel, Fritz Platten und Robert Grimm, der Präsident des Oltner Aktionskomitees, ein und aus. Auch Leo Trotzki war hier Gast, und Lenin besuchte täglich die Bibliothek im Lesesaal, bis er 1917 mit Fritz Platten nach Russland ging und mit den Bolschewisten die Regierung stürzte. Aufnahme um 1915.*

133 *Der Neumarkt um 1900 mit Blick gegen den heute wieder mit einem Helm versehenen Grimmenturm.*

134 *Den Napfplatz, wie diese kleine Strassenerweiterung im Volksmund heisst, gibt es eigentlich gar nicht. Die Häuser links gehören zur Spiegelgasse, die Hauszeile rechts steht an der Napfgasse, die nach dem mittelalterlichen Haus zum Napf (rechts im Vordergrund) benannt ist. Den oberen Abschluss des namenlosen Platzes bildet der Brunnenturm, ein ehemaliger Ritterturm, der seinen Namen vom nahen Brunnen hat und in dem Gottfried Keller die Armenschule besuchte. Der Napfbrunnen – er stand ursprünglich unmittelbar vor dem Turm – gehörte zu den bedeutendsten Brunnenanlagen der rechtsufrigen Stadt. Am*

18. August 1578 zahlte der Zürcher Bauherr dem Schlosser Sprüngli eine Rechnung für Stabeisen, «das man brucht zum Nüwen Brunnen bim Blaawen Himmel». Meister Gallus, der Rotgiesser, hatte zudem zwei mit Gesichtern verzierte Messingröhren geliefert. Der Schlosser Matthäus Albrecht sorgte für hübsches Eisenwerk, Eisenringe und kunstvolle rosettenförmige Schrauben, «damit man den innern und üssern Ring zusammen strubt». Er lieferte auch den Eisenrost, «darauf man die gelten stellt». Ähnlich wie der Brunnen am Stüssihof war die ursprüngliche Brunnenfigur ein gerüsteter Krieger mit einem Zürcher Schild. Das Wertvollste war die aus einer Blattknospe aufsteigende Sandsteinsäule, eine von Italien beeinflusste Renaissancearbeit, die heute im Landesmuseum aufbewahrt wird. 1876 erhielt der Brunnen ein neues Marmorbecken und wurde auf die etwas beziehungslose, pathetische Terrasse an die heutige Stelle versetzt. Der Photograph Jean Gut, dessen Geschäft neben dem «Blauen Himmel» (an der Ecke zu den Obern Zäunen) lag, photographierte den Napfplatz 1878, zwei Jahre vor seinem Tod. Erst im Jahre 1911 bekam der Napfbrunnen wieder eine Standfigur: eine sehr schöne Frühlingsallegorie von Arnold Hünerwadel, die aber seit ihrer «Erneuerung» von 1937 kaum mehr überzeugt.

135 Der Hirschenplatz, das alte Zentrum des Niederdorfs, um 1905.

Die Stüssihofstatt im Frühling 1885

136 Die abschüssige Stüssihofstatt war nie ein richtiger Platz. Als kleines Stück Niemandsland zwischen dem Niederdorf und dem ältesten Stadtkern entstanden, führte sie immer ein Eigenleben. Etwas von ihrem geschäftigen Alltag fing der unbekannte Photograph am 4. April 1885 ein. Die Grosse Hofstatt, als helle, der Nachmittagssonne zugekehrte Lichtung im schattigen Gewirr der Altstadtgassen, wurde damals als solides Geschäftsquartier besonders geschätzt.
Die Firma Haasenstein & Vogler, in deren Haus zum roten Kamel später das Bierrestaurant zum Franziskaner einzog, war eine «Annoncenexpedition» mit internationalen Verbindungen (seit 1916 «Publicitas»). Im Keller lagerten die Fässer des Wein- und Butterhändlers Heinrich Pfister. Rechter Hand, im Laden am Eingang zur Niederdorfstrasse, hatte Franz Madrenas sein wohlassortiertes «Lager südlicher Weine und Produkte», und im Hinterhöflein wirkten die Lithographen Häusler & Strübi und die Buchdrucker Aschmann und Bollmann. Sie alle haben längst ihren Nachfolgern, viele davon der Konkurrenz Platz gemacht.
Nicht unangefochten, aber standhaft hat nur der Ritter auf der hohen Säule des Stüssibrunnens den Platz behauptet.

Ob er wirklich ein Standbild des einstigen Bürgermeisters ist, wird heute bezweifelt. Zwar wohnte Rudolf Stüssi um 1443 im nahen «Königstuhl», die Brunnenfigur wurde aber erst 1575 errichtet, in einer Zeit, da in der ganzen Eidgenossenschaft keine Porträtstatue gesetzt wurde. Der schlanke, spitzbärtige Ritter trägt auch kein Wappen, wohl aber die Abzeichen des Ritterstandes: fünf wallende Straussenfedern in Zürichs Farben, dazu ein blau-weisses Feldzeichen und darüber einen roten Fahnenstreifen mit dem weissen Kreuz. Eine Kombination, die für den Anführer im Alten Zürichkrieg wohl kaum typisch war.

Am Hirschengraben

137 Bis 1878 waren am Hirschengraben im Frühling und Herbst grosse Messen, zu denen die Landleute meist in ihren Trachten erschienen. Für den Kleinhandel und die Stadtbevölkerung waren diese Messewochen von grosser Bedeutung. Den Erwachsenen boten die vielen Marktstände eine interessante, vergnügliche Abwechslung, für die Kinder aber geradezu ein Fest, denn neben den Warenangeboten waren es allerlei Attraktionen und Kuriositäten, Zauberkabinette, Schiessstände und Guckkasten, die eine magnetische Wirkung ausübten. Hier fand im Advent auch der Christbaummarkt statt. Die ganz grosse Sache war aber der Martinimarkt, der am 11. November begann. Am Seilergraben standen an der Mauer unzählige Verkaufsbuden. Im untersten Abschnitt hatten sich die «Kellenländer» niedergelassen, von Sternenberg, Bäretswil und dem hinteren Turbental, mit handgeschnitzten Kellen, Kinderwiegen und grossen Wäschezainen. Dann folgten geschnitzte Ochsenjoche, Heuseile und Werktagshosen, «Ankehäfe», Mostkrüge und die grossen, braunen, runden, tiefen Platten. Vor dem Obmannamt, wo jetzt die Autos parkiert sind, gab es Spitzkabis und Sauerkraut aus der badischen Nachbarschaft. Der Hirschengraben war für die Novitäten reserviert. «Hier war es auch», schrieb der Journalist Heiri Gysler, «wo man in Zürich die ersten Walzengrammophone sah. Ein findiger Marktfahrer hatte sich so ein Ding gekauft, liess es mit zehn Gummischläuchen versehen, und man konnte sich für fünf Rappen einen davon ins Ohr stecken. Wenn alle zehn besetzt waren, verkündete der geschäftstüchtige Mann: ‹Sie hören jetzt den Präsidenten von Amerika› und liess die selber besprochene Walze mit einer echt züritüütschen Rede laufen.» Bild: Hirschengraben mit Messe um 1875.

138 Ketzerturm, der letzte Zeuge des Mittelalters. Als letzter noch erhaltener Wehrturm der alten Ringmauern Zürichs wurde der Turm zwischen Gräbligasse und Häringstrasse 1878 abgebrochen. Zur Reformationszeit waren im Ketzerturm Wiedertäufer gefangengesetzt. Im 19. Jahrhundert wurde in ihm noch eine Feuerhochwacht eingerichtet, sein tiefer Keller enthielt ein Eismagazin. Aufnahme um 1865.

139 Am Oberen Hirschengraben vor dem ehemaligen Lindentor. Links das «Steinhaus» an der Kirchgasse, ein mittelalterlicher Wohnturm der Familie Manesse, in dem Gottfried Keller 1861 bis 1875 als Staatsschreiber wohnte und arbeitete. Rechts das Haus zum roten Stern und das «Chamhaus», erster Sitz der Schweizerischen Rentenanstalt. Aufnahme 1910.

Rund um die Predigerkirche

140 Blick vom Ketzerturm auf das gotische Chor der Predigerkirche, «eine der bedeutendsten Leistungen der Bettelordensarchitektur in der Schweiz». Davor ehemaliges Klostergebäude, das nach der Reformation als Spital gebraucht wurde. Links der Seilergraben, der im Hirschengraben um 1780 eingeebnet und den Seilern als Handwerksplatz zur Verfügung gestellt wurde. Aufnahme um 1870.

141 Vom Spital zum Heiligen Geist zur Zentralbibliothek. Das Predigerquartier wurde nach den Predigermönchen benannt, die hier um 1230 ein Kloster und eine Kirche bauten. Die Reformation hob das Kloster auf und schlug die Gebäude zum benachbarten Spital zum Heiligen Geist, das schon von den Zähringern gegründet worden war. Auf dem vorliegenden Bild vom 21. März 1902 ist von all dem nur noch die umzäunte Wiese in der Bildmitte zu sehen. Nur ganz rechts, neben der wenig diskreten Bedürfnisanstalt, erkennen wir die westliche Ecke der Predigerkirche mit dem kleinen Vordach über dem Portal.
Auf dem Bild stehen bereits die Platanen, die heute jedem Parkierer auf dem Zährigerplatz zum Problem werden. Anstelle des heutigen Kiosks am Ausgang der Spitalgasse lag eine kleine Wiese, die durch den Zaun im Vordergrund umgeben war. Die markante Häuserreihe an der oberen Mühlegasse entstand 1879 bis 1883. In ihrer Fortsetzung erhebt sich am Horizont das in den Jahren 1861 bis 1864 nach Plänen von Gottfried Semper erbaute Polytechnikum. Aufnahme aus dem Haus zum Predigerhof.

142 Aufnahme um 1887 vor der Kirchenrenovation im Zusammenhang mit der Behebung von Brandschäden. Rechts die Wiese, auf der die Spitalgebäude standen. Links am Bildrand das Haus Predigerhof. Aufnahme aus dem Haus zum oberen Froschauer.

Bei der Neumühle

1648 wurde direkt vor der Niederdorfpforte die Neumühle im Gebiet der ehemaligen Paradiesmühle angelegt; gleichzeitig wurde sie mit in die Stadtbefestigung einbezogen und in ihrem Gebiet das Paradiesbollwerk errichtet. Als hier 1805 die Maschinenfabrik Escher Wyss entstand, wurde ein Teil der Fortifikationsmauern für die Fabrikgebäude verwendet.

143 Areal der 1892–95 ins Hardquartier verlegten Maschinenfabrik Escher Wyss. Das Haus vor der Liebfrauenkirche steht auf den Grundmauern des Paradiesbollwerkes. Aufnahme um 1895.

144 Blick auf das Escher-Wyss-Areal um 1900. Der rechte Hausgiebel war das ehemalige Amtshaus des Klosters Sankt Blasien, das als Fabrikgebäude Verwendung fand. Das Oerlikoner Tram fuhr durch die Stampfenbachstrasse bis zum Central.

145 Plüsch und Plausch nach 1900. Am 22. September 1900 eröffnete Direktor Otto Winzer, der auch im Pfauentheater einige Jahre das Zepter geschwungen hatte, Zürichs neuen Thaliatempel; das Central-Theater (Dampfheizung, elektrische Beleuchtung, 700 Plätze!) an der Weinbergstrasse. Die Premiere des nichtssagenden Lustspiels «Hofgunst» war von publikumswirksamem Pomp umgeben. Frau Direktor Winzer deklamierte den Weiheprolog eines Herrn Urb. Allenspach, dem der Direktor für seine grossartige Leistung in stummer Rührung einen Lorbeerkranz überreichte. Ob den Gips-Karyatiden, fülligen Amoretten und üppigen Blumengirlanden geriet das Publikum so in Entzücken, dass es neben dem künstlerischen Personal auch den Architekten Schwegler an die Rampe klatschte und ihn mit ebenso viel Beifall überschüttete, wie es ihn heute mit Missbilligung bewerfen würde.
Aber Zürichs neue Bühne bot nicht nur Leichtgewichtiges und Leichtgeschürztes, Knallig-Dramatisches und einige «pikante Angriffe auf die bürgerliche Wohlanständigkeit», Herr Winzer pflegte in seinem Weinberg auch bessere Jahrgänge. Vor allem als die «schneidige» Truppe der Münchner «Elf Scharfrichter» auftrat und jenes «Überbrettl», dem Wolzogen zu Pate gestanden hatte. Doch das Central-Theater lag zu wenig zentral; anfangs Dezember 1907 fiel der Vorhang zum letzten Mal. Schon auf den Heiligen Abend erhielt der Kinopionier Georges Hipleh-Walt die Bewilligung für Filmvorführungen. Seine «Elektrische Lichtbildbühne» wurde kein gutes, aber auch kein schlechtes Geschäft. «Es roch immer ein klein wenig nach Armeleute in diesem Haus, die Plüsche waren abgegriffen, die Karyatiden und Amoretten wurden gelblich, der Platzanweiser zündete mit einem Lämpchen als wie in einem halbzerfallenen Bergwerk, und Dilettantenmusiker erspielten in einer seltsamen Verschalung vor der Leinwand ihre sauren Batzen.»
Anfang Mai 1926 fiel die ganze phantastische Geburtstagkuchenarchitektur unter der Spitzhacke. Schon Ende Jahr wurde im heutigen Neubau das erste Grosskinotheater eröffnet, «für Zürich eine neue Ära der Filmdarbietungskunst». Exklusivität des «Capitols» war die «Welte-

Philharmonie-Orgel» mit 48 klingenden Registern und raffiniert natürlichen Geräuscheffekten. «Unser Ziel ist Dein Vergnügen!» stand auf dem Eröffnungsplakat. 1929 lud das «Capitol» zur ersten Zürcher Tonfilmpremiere ein.

146 1894 wurde die St. Leonhard-Gasse, der noch immer die alten Befestigungsmauern im Wege standen, zur Weinbergstrasse ausgebaut und der St. Leonhard-Steig in Weinbergfussweg umbenannt. Unser Bild: Werkstätten an der Ecke St. Leonhard-Gasse (nach rechts) und am St. Leonhard-Steig (nach links) müssen dem Strassenausbau weichen. Aufnahme am 4. Dezember 1893.

147 Ehemaliges Werkstattgebäude der Maschinenfabrik Escher Wyss an der unteren Stampfenbachstrasse um 1915.

148 Die Strasse «Im Stadtgraben». Hier befand sich der Graben vor der ehemaligen Niederdorfpforte. Das Haus, in dem sich eine Buchdruckerei eingerichtet hat, wurde von Escher Wyss auf den Mauern des Paradiesbollwerks errichtet. Am linken Bildrand der Vorgänger der heutigen Leonhardsapotheke. Aufnahme am 14. April 1910. Die Baustangen deuten bereits den Standort des geplanten, 1914 eröffneten Kaspar Escher-Hauses an.

149 Die untere Stampfenbachstrasse mit dem grossen Giessereihaus der Maschinenfabrik Escher Wyss, das jetzt eine Automobilwerkstätte beherbergt. Auf ihrem Areal (vor dem Haus sichtbar) hat das Oerlikoner Tram ein Abstellgeleise für seine Wagen eingerichtet. Aufnahme am 14. April 1910. Das Giessereihaus wurde 1912 für den Bau des Kaspar Escher-Hauses abgebrochen.

150 Von den kleinen Sandform- und Giessereihäusern von Escher Wyss sind nur noch die kleinen Giebeldreiecke stehen geblieben. Links das grosse Haus, dessen unteres Geschoss aus der ehemaligen Mauer des Paradiesbollwerkes besteht. Aufnahme vom 15. April 1910. Anstelle des ganzen sichtbaren Komplexes steht heute das Kaspar Escher-Haus.

151 Flussabwärts neben dem Escher-Wyss-Areal lag das städtische Schlachthaus Walche, und zwar direkt unterhalb der 1913 erbauten Walchebrücke. Es wurde 1865 eröffnet, weil wegen der Verbreiterung des Limmatquais das alte Schlachthaus bei der Hauptwache am Limmatquai abgebrochen werden musste. An seiner Stelle entstand die spätere städtische Fleischhalle, die aber nur noch eine Verkaufshalle war. Erst zwei Jahre darauf wurden die ersten privaten Fleischverkaufslokale in der Stadt herum genehmigt und eröffnet. Das neue Schlachthaus Walche besass an der Stampfenbachstrasse einen kleinen Vorplatz, auf dem Mitte November die Viehmärkte stattfanden. Das Restaurant Schmidstube stand auf dem heutigen Stampfenbachplatz. Als dann das Schlachthaus Walche den modernen Anforderungen in keiner Weise mehr genügte, wurde am 2. August 1909 der Schlachthof am Letzigraben eröffnet. In kurzen Zeilen beschrieb der Chronist, was lange Verhandlungen und noch mehr Zeit in Anspruch nahm: «Mit dem neuen Schlachthof hängt zusammen ein jahrelanger, noch jetzt im Jahre 1915 nicht entschiedener Prozess zwischen Stadt und Metzgerschaft. Die Eigentümer der Metzgbänke in der Fleischhalle besitzen laut Vertrag von 1862 gewisse ‹ewige Rechte› am Schlachthaus zur Walche. Die Metzger verweigerten die Zustimmung zur Niederlegung des Walcheschlachthauses vor Beendigung ihres Prozesses gegen die Stadt, und es konnte nur mit Mühe vom Obergericht die Erlaubnis ausgewirkt werden, am 31. Mai 1915 mit dem Abbruch der hässlichen Ruine mitten im modernen Stampfenbachquartier zu beginnen.» Aufnahme des Viehmarktes vor dem Schlachthaus zur Walche um 1890. Anstelle des Schlachthauses entstand um 1935 das Kantonale Verwaltungsgebäude zwischen Walchestrasse und Neumühlequai, vor dem Karl Geisers lange umstrittene Löwenskulptur steht: «Der Züri-Leu bewegt seine Beine wie ein Kamel, zu deutsch Trampeltier», hiess es in der Presse, «begreiflich, dass das die Herren von der hohen Regierung nicht weiter gestört hat ...»

Unterstrass

Seine entscheidende Entwicklung erfuhr Unterstrass nach 1860, als die neue Schaffhauserstrasse erstellt war. Ihr folgten der Bau der Nord- und der Kronenstrasse. Die Fähre beim «Drahtschmidli», die am Auffahrtstage 1861 wegen Bruch des Seiles drei Menschenleben kostete, wurde 1873 durch einen Fussteg ersetzt, der für die Landesausstellung 1883 über die Sihl verlängert wurde. Der Bau des Pumpwerkes im Letten (1877–1880) machte eine weitere Fussstegverbindung mit Aussersihl nötig. Von grosser Bedeutung war der Bau der Weinbergstrasse von der Stadtgrenze bis zum Milchbuck in den Jahren 1878–1885. «Sie ist eine der schönsten Strassen Neu-Zürichs und war innert wenigen Jahren mit Villen überbaut. Die Krönung des Ganzen im wirklichen und bildlichen Sinne war aber der Kirchenbau 1884/85, wodurch das Landschaftsbild des Zürichberges wesentliche Verschönerung erfuhr. Ihm voran ging 1883 die Schaffung der selbständigen Kirchgemeinde, nachdem schon 1861 ein regelmässiger Gottesdienst in der St. Moritz-Kapelle eingeführt und in der Nähe derselben 1855 der Friedhof im Riedtli angelegt worden war. Seit 1881 befindet sich ein neuer Gottesacker im Bühl, der mit einer Abdankungskapelle versehen ist. Dem 1842 erbauten, späteren Sekundarschulhause an der Röslistrasse folgte 1867 dasjenige mit Turnhalle bei der Kirche, und 1891 das neue an der Weinbergstrasse. Beide bilden eine Zierde der Gemeinde. 1870 wurde der als Vergnügungslokal seiner Zeit weitbekannte Gasthof zum weissen Kreuz für das heute noch darin befindliche Evangelische Lehrerseminar eingerichtet.» Durch das Vereinigungsgesetz kam Unterstrass 1893 zur Stadt Zürich.

152 Weinbergstrasse bei der Abzweigung der Langmauerstrasse. 1909 erstellte die Stadt durch die Weinbergstrasse eine Strassenbahn als Konkurrenzlinie des Oerlikoner Trams, das durch die Stampfenbach- und die Schaffhauserstrasse fuhr.

153 An der Weinbergstrasse.

154 Das Pfrundhaus Spanweid, im Hintergrund die dazugehörige St. Moritz-Kapelle, die im Mittelalter dem heiligen Mauritius gewidmet war.

155 An der Stampfenbachstrasse. Rechts am Bildrand das Wirtschaftsschild des Gasthofs zum weissen Kreuz, in dem 1870 das Evangelische Lehrerseminar eingerichtet wurde.

156 Beckenhofstrasse mit Rebhang und Kirche Unterstrass.

157 An der Rötelstrasse.

158 An der Langmauerstrasse.

159 Stampfenbachstrasse unterhalb der «Krone» mit Oerlikoner Tram um 1900.

160 An der Schaffhauserstrasse um 1905.

161 Das Restaurant Wiedenberg beim Schaffhauserplatz um 1910.

162 Auf dem Milchbuck um 1910. Links das Café-Restaurant Frohburg. Im Hintergrund die Kirche von Oerlikon.

Oberstrass

Zum erstenmal kommt der Name «Oberstrass» 1376 vor, der etwa vierzig Jahre später der durch Ablösung von Fluntern entstehenden Gemeinde den Namen gab. Noch 1834 umfasste der Weinbau in Oberstrass 70 Jucharten. 1837–38 wurde die neue Strasse nach Winterthur gebaut, die vom Volk als «Gefälligkeitsstrasse» bezeichnet wurde, weil sie den Gasthof zur Linde in eine besonders günstige Lage brachte.
«1834 begann der Bau des Schulhauses neben der Kirche, deren hundertjährige Weihe im folgenden Jahre stattfand, und 1853 siedelte die kantonale landwirtschaftliche Schule auf den Strickhof über. Wie die Nachbargemeinden, so entwickelte sich auch Oberstrass nun ungemein rasch, wozu der Bau der eidgenössischen Lehranstalten teils auf ihrem Territorium, teils hart an dessen Grenze (Polytechnikum, Universität, Observatorium, später die Frauenklinik und das Chemiegebäude) beitrug. Schritt haltend mit dieser Entwicklung, erfolgte 1869 der Bau des neuen grossen Schulhauses an der Schulstrasse, dem sich zur Zeit ein drittes, im Bau begriffenes, an der Köhlerstrasse beigesellt. Neben der politischen Gemeinde entstand 1883 durch Ablösung von der Predigerkirche noch die selbständige Kirchgemeinde, und so fiel das letzte Band dahin, das die Ortschaft mit der Stadt noch verknüpfte.»
1893 kam Oberstrass zu Zürich.

163 Erste Kirchweih nach dem Bau der Kirche Oberstrass. 1910.

164 Rechts Universitätstrasse, links Sonneggstrasse um 1900.

165 Restaurant Schützenstube an der Universitätstrasse um 1900.

166 Das 1842 eröffnete Kantonsspital.

167 Die 1875 eröffnete Frauenklinik.

168 Schmelzbergstrasse. Im Vordergrund die 1861 bis 1864 erbaute Sternwarte. In der Bildmitte Physikgebäude der ETH.

169 Die am 4. April 1901 eröffnete Seilbahn Rigiviertel.

170 Alter Friedhof mit dem Schul- und Bethaus. Im Vordergrund die Ottikerstrasse. Aufnahme 1908.

171 Bethaus und Schulhaus an der Winterthurerstrasse.

Wipkingen

Bis 1871 wurde der Verkehr über die Limmat nur durch eine Schiffsfähre vermittelt. Nach dem Bau einer fahrbaren Brücke 1871/72 nahm die Bevölkerung Wipkingens sprunghaft zu. «Eine eifrige Bauthätigkeit begann, die dem Dorf mehr und mehr den Charakter der Vorstadt verlieh. 1877–80 wurde das städtische Wasserwerk im Letten errichtet, 1881 die kantonale Seidenwebschule eröffnet. Durch die Brunnengenossenschaft des Dorfes wurde im Winter 1880/81 eine Quellwasserversorgung durchgeführt, später durch die Gemeinde übernommen und erweitert. Ein Jahr vor der Vereinigung mit der Stadt und den Ausgemeinden, gleichzeitig mit dem Bau der Nordstrasse und ihrer Zufahrtsstrassen, beschloss die Gemeindeversammlung die Anwendung des städtischen Baugesetzes

auf den grössern Teil der Gemeinde. Die im Bau begriffene rechtsufrige Zürichseebahn erfüllt zur Zeit den lange gehegten Wunsch der Gemeinde nach einer Station, welche im Letten ausgeführt wird.»
1893 kam Wipkingen zu Zürich.

172   Die 1898 eröffnete Strassenbahn Zürich–Höngg fuhr zwischen Escher-Wyss-Platz und Wipkingen über einen eigenen provisorischen Steg, der neben der Wipkingerbrücke lag. Aufnahme um 1900. Im Hintergrund das Escher-Wyss-Areal.

173   Blick über den Tramsteg. Am Stegende das Restaurant Anker. Die Dorfkirche daneben wurde 1909 abgebrochen. Am oberen Dorfrand die Schulhäuser Nordstrasse und Rosengarten. Aufnahme 1899.

174   An der Röschibachstrasse. 1893.

175   Erweiterung der Rosengartenstrasse.

176   Die 1909 abgebrochene alte Kirche an der Röschibachstrasse. Im Hintergrund die 1901 umgebaute Wipkingerbrücke.

177   An der heutigen Nordstrasse.

178   Bei der Nordbrücke.

179   Krankenhaus Waid.

180   Die Hönggerstrasse. Aufnahme 10. Juni 1907.

181   An der Hönggerstrasse um 1910.

182   Blick von der Waid über die Stadt. Im Vordergrund Turm des einstigen Krankenheims. Heute steht dort das Stadtspital Waid. Aufnahme um 1900.

Höngg

Noch am Ende des 18. Jahrhunderts schrieb der Chronist: «Es ist da ein ungemein starker Weinwachs. Die Einwohner, die sehr wenig Felder haben, beschäftigen sich das ganze Jahr mit dem Rebbau.» Die schöne Lage an den sonnigen Hängen des Höngger- und des Käferberges und der weite Blick über das Limmattal lockte manchen Stadtbürger, und so entstanden im 17. und 18. Jahrhundert eine ganze Anzahl mehr oder weniger herrschaftlicher Landhäuser, von denen einzelne, wie der «Rote Ackerstein», ihren baulichen Eigencharakter besitzen. Die Häuser der Stadtherren lagen zumeist an der alten, rechtsufrigen Landstrasse nach Baden, die seit 1930 Limmattalstrasse heisst.

Am 27. August 1898 wurde die von einem Höngger Initiativkomitee finanzierte Strassenbahn Zürich–Höngg mit einem Gemeinde- und Jugendfest eröffnet. Damit war das Bauerndorf der Stadt um ein gutes Stück näher gerückt, doch die Bevölkerung stieg trotz einer lebhaften baulichen Entwicklung in den 1920er und 1930er Jahren nur in verhältnismässig bescheidenem Rahmen. 1910 zählte Höngg 3700 Einwohner, Ende 1933 erst 5900. Dem Anschluss an die Stadt im Jahre 1934 stimmten die Höngger mit 946 Ja gegen 298 Nein zu.

183   An der Limmattalstrasse mit einem der ersten vier Wagen des Höngger Trams. Aufnahme um 1900.

184   Das 1674 erbaute Haus zum roten Ackerstein an der Limmattalstrasse.

185   Im Dorfkern von Höngg um 1900.

186   Blick auf Höngg um 1910. Wahrzeichen ist die mittelalterliche Kirche, die 1863 den heutigen Turm erhielt. Im Hintergrund das 1898 eröffnete Gaswerk in Schlieren.

187   Wümmet in Höngg um 1900. Im Hintergrund das Haus Limmattalstrasse 425.

Industriequartier

Durch den Bau der 1847 eröffneten ersten Eisenbahnlinie nach Baden wurde die ehemalige Gemeinde Aussersihl in zwei Teile zerschnitten. Wie in anderen Städten glaubte man auch in Zürich, ausserhalb der Stadt ein eigenes Industriequartier gründen zu müssen. Das flache Weidegebiet, eingekeilt zwischen Limmat und Eisenbahntrassee, schien dafür am besten geeignet. Die Bezeichnung «Industriequartier» wurde 1875 beschlossen. 1885 liess sich hier die Stückfärberei und 1894 die Appretur und Färberei Schütze & Co. nieder, 1891 folgte die Reishauersche Werkzeug-Fabrik, 1896 die Maschinenfabrik Escher Wyss. Etwa um die gleiche Zeit siedelten sich die Seifenfabrik Steinfels und die Aktienbrauerei Zürich an. 1903 wurde an der Josefstrasse die städtische Kehrichtverbrennungsanstalt eingerichtet, zehn Jahre später bezog die Aktiengesellschaft Maag-Zahnräder ihr erstes Fabrikgebäude an der Hardstrasse.
Wichtige Verbindungsstrasse zum Gemeindeteil Aussersihl war die Langstrasse, die «lange» Hauptstrasse Aussersihls, die bis 1869 zum Teil «Langfurrenstrasse» hiess. Gegen das im Sommer 1879 vom Industriequartier ausgegangene Bestreben, sich der Stadt anzuschliessen, legte der Gemeinderat von Aussersihl beim Stadtrat «feierliche Verwahrung ein, da der Gemeinde dadurch ein grosses

Steuerkapital entzogen worden wäre». Erst durch die Eingemeindung der ganzen Gemeinde Aussersihl in die Stadt im Jahre 1893 wurde der Wunsch des Industriequartiers erfüllt. 1913, anlässlich der Revision der Kreiseinteilung, entstand aus dem Industriequartier der Stadtkreis 5, von dem 1934 das Gebiet unterhalb des Hardturms (etwa 46 ha) dem Kreis 9 zugesprochen wurde.

188   1907 wurde die Zollbrücke als Zugang zum Industriequartier verbreitert. Aufnahme: 31. Oktober 1907.

189   Für die Strassenbahn wurde neben der alten Zollbrücke ein provisorischer Hilfssteg errichtet.

190   Das alte Aussersihl und das Industriequartier wurden nur noch durch die Langstrasse zusammengehalten. Aufnahme: 19. September 1907. Das Schneefeld links neben der Langstrasse ist die Einmündung der Röntgenstrasse.

191   Ecke Langstrasse/Röntgenstrasse. Aufnahme: 19. September 1907.

192   Die Langstrasse beim Eingang zum Industriequartier. Von rechts mündet die Zollstrasse ein. Vor dem Haus links zweigt die Röntgenstrasse ab.

193   Das 1885 erbaute Konzerthaus mit Tanzsaal «Orpheum» an der Heinrichstrasse. Aufnahme um 1900.

194   Arbeitersiedlung an der Josefstrasse, 1880 vom Aktienbauverein erstellt. Von rechts mündet die Ackerstrasse ein.

195   An der Neugasse.

196   Von der Langstrasse (am unteren Bildrand) zweigt die Josefstrasse ab. Aus dem 1896 eröffneten alkoholfreien Restaurant an der rechten Strassenecke wurde später das Restaurant Wasserrad. An der linken Strassenecke das Restaurant Blaueck. Aufnahme um 1900.

197   Im Jahre 1908 entstandene Wohnsiedlung an der Heinrichstrasse. Nach dem ersten Block mündet die Gasometerstrasse ein.

198   Die am 10. Mai 1904 eröffnete städtische Kehrichtverbrennungsanstalt verfügte als erste der Schweiz bereits über eine Dampfturbine, die zur Stromerzeugung mit einem Generator verbunden war. Kaminhöhe: 60,5 m.

199   Typhusspital an der Gerstenstrasse.

200   Restaurant Bauernstube an der Pfingstweidstrasse.

201   An der Förrlibuckstrasse.

202   Bei der alten, 1867 eröffneten Gasfabrik an der Langstrasse. Im Hintergrund der leere Gaskessel. In der Bildmitte Abgabe von Holz aus dem Gaswerkdepot an Notleidende des Ersten Weltkrieges. Im Gebäude am rechten Bildrand, einst Verwaltungsgebäude des Gaswerkes und Wohnhaus des Direktors, befindet sich heute das Kreisbüro 5.

203   Das 1897 erbaute und 1965 abgebrochene Schulhaus Klingenstrasse. Blick von der Anlage vor dem Kunstgewerbeschulhaus. Im Hintergrund, auf dem anderen Limmatufer, die Kirche Unterstrass.

204   An der Josefstrasse. Rechts Kehrichtverbrennungsanstalt vor dem Eisenbahnviadukt.

205   An der Josefstrasse vor dem Viadukt. Im Hintergrund das Kamin der Kehrichtverbrennungsanstalt.

206   Die 1898 eröffnete Industriequartier-Strassenbahn fuhr vom Hauptbahnhof durch die Limmatstrasse bis zur Hardstrasse. Aufnahme 1899 am Escher-Wyss-Platz. Das «Industrie-Tram» war die erste Schweizer Strassenbahn mit geschlossenen Plattformen.

207   Tramdepot der Industriequartier-Strassenbahn am Escher-Wyss-Platz.

208   Am Escher-Wyss-Platz um 1900.

209   Der Hardturm um 1895.

210   Ausbau der Hardturmstrasse.

Aussersihl

Die erste Zürcher Eingemeindung brachte 1893 die Verschmelzung der Stadt mit elf «Ausgemeinden», wie die Vororte damals genannt wurden. Vorläufer waren verschiedene Interessenverbände einzelner Gemeinden mit der Stadt. Entscheidend für den Zusammenschluss war aber die zunehmende Verarmung Aussersihls, wo der Bahnhof, die Kaserne und verschiedene Arbeitersiedlungen entstanden, die der Gemeinde grosse Ausgaben, aber kaum Einnahmen brachten. «Jahr für Jahr nimmt die Schülerzahl um etwa 150 zu, mit anderen Worten um ein grosses Schulhaus und ein paar Lehrer. Die Strassen wollen unterhalten, die öffentliche Ordnung gewahrt, die Bewohnerschaft mit Wasser, Licht und Abzugkanälen versorgt sein. Mit der schwellenden Zunahme an Säften geht parallel eine bedrohliche Abnahme der Kräfte», hiess es damals, «Aussersihl ist der einzige Teil von Gross-Zürich, in welchem das Steuerkapital, auf den Kopf bezogen, in den letzten Jahren abgenommen hat.» Die Ausländerquote stieg bis zu 24 Prozent. Höhepunkt der Spannungen wurde der «Italienerkrawall» nach verschiedenen «Stechereien» im Sommer 1896, wobei die Fenster der Italienerwirtschaften an der Langstrasse mit Steinen beworfen wurden. Der Name «Glasscherbenviertel» klingt noch heute nach. Aussersihl war es denn auch, das mit aller Vehemenz eine Vereinigung mit der Stadt anstrebte und sich mit einem Darlehen zur Überbrückung seiner Schulden nicht zufrieden gab. Bei der Abstimmung über das Vereinigungsgesetz wurden in Aussersihl 4440 Ja und nur 43 Nein in die Urne gelegt. Nach Bekanntgabe der Gesetzesannahme «hat sich der grosse Saal des Kasinos daselbst mit Einwohnern der Gemeinde gefüllt. Nicht die Freude an der Niederlage der Vereinigungsgegner kam zum Ausdruck, sondern der Jubel eines aus unwürdiger Lage Befreiten, der nach jahrelanger Verleumdung, Verdammung und Misshandlung zu seinem guten Recht gelangt und das schuldlose Haupt wieder frei tragen darf.»

211   Das 1910 erbaute Volkshaus am Helvetiaplatz.

212   Im Restaurant Helvetia an der Kasernenstrasse 15. Aufnahme 5. November 1901.

213   Die Langstrasse um 1910. Im Vordergrund die Badenerstrasse. Hinter dem kleinen Garten links mündet die Wengistrasse ein.

214   Eine Linie der 1898 eröffneten Zürcher Strassenbahn führte vom Helmhaus über den Paradeplatz nach Aussersihl. Unser Bild zeigt einen der ersten zwanzig Tramwagen, erkennbar an den drei Fenstern auf der Längsseite. Dem Personal wurden Mäntel und Dienstmützen abgegeben.

215   Friedhof St. Jakob. Im Hintergrund das 1844 erbaute Bethaus. Auf das Areal des Friedhofs kam 1899–1901 die St. Jakobs-Kirche zu stehen. Links die Lutherstrasse.

216   Grundsteinlegung zur St. Jakobs-Kirche am 24. September 1899.

217   An der Werdstrasse.

218   An der Badenerstrasse. Links Gasthof zur Blume. Im Hintergrund Bethaus St. Jakob.

219   Die alte Kapelle des Pfrundhauses, ehemals Siechenhaus, am Anfang der Badenerstrasse. Das Gebäude diente zuletzt als Metzgerei und Bratwursterei des Konsumvereins. Rechts am Bildrand das 1844 erbaute Bethaus St. Jakob, an dessen Stelle sich heute der Vorplatz der 1901 eingeweihten St. Jakobs-Kirche befindet.

220   Abschiedsphoto des Tages-Anzeiger-Personals vor dem Umzug der Druckerei von der Birmensdorferstrasse 5 an die Werdstrasse. Aufnahme 3. Mai 1902.

221   Vor der 1874–76 erbauten Kaserne Aussersihl. Tribüne für den Vorbeimarsch der Turner am Eidgenössischen Turnfest im Juli 1903.

222   Einweihung der Polizeikaserne am 19. Januar 1901.

223   Bau der Sihlbrücke 1902/03. Aufnahme Herbst 1902.

224   Im neuen, am 2. August 1909 eröffneten Schlachthof.

225   Bau der Stauffacherbrücke 1898/99. Aufnahme Februar 1899.

226   Bau der Schimmelstrasse.

227   Bahnübergang Marienstrasse der linksufrigen Seebahn. Im Vordergrund die Badenerstrasse um 1920.

228   Ausbau der Sihlfeldstrasse.

229   An der Sihlfeldstrasse. Von rechts mündet die Kanzleistrasse. Um 1910.

230   Links Badenerstrasse, rechts Seebahnstrasse.

231   Restaurant Concordia an der Kreuzung Badenerstrasse (links) und Sihlfeldstrasse (rechts) um 1899.

232   An der Hohlstrasse. Chemische Fabrik. 1867 erbaut, 1953 abgetragen. Aufnahme 1903.

233   Restaurant Hardplatz am Hardplatz.

234   Hohlstrasse mit Restaurant Sternen.

Wiedikon

«Auf der Ägerten, dem damaligen zürcherischen Exerzierplatz, flatterte 1843 die eidgenössische Schützenfahne, und der fröhliche Sinn der Einwohner soll dieses Fest zu einem lange unvergesslichen gestaltet haben», schrieb zur Eingemeindung von Wiedikon 1893 ein Berichterstatter. «Die Neuzeit liess manche Erinnerung an vergangene Tage nach und nach verschwinden; so wurde 1840 das seit Jahrhunderten am Gesellenhaus hängende Wahr- und Wappenzeichen der Gemeinde, der Reichsapfel, entfernt und durch den ‹Falken› ersetzt. Die Bürgertrünke fanden ihr Ende 1880, und die Silberbecher aus dem Gemeindeschatz wanderten 1883 ins Helmhaus Zürich. Die Ein-

wohnerzahl betrug 1850 nur 1400, vierzig Jahre später jedoch 5000 Seelen. In Folge dieses Anwachsens der Gemeinde war nach dem 1841 erfolgten Bau des Schulhauses ‹auf der Stein› 1871/72 dasjenige auf der Ägerten (Turnhalle 1890) nötig, dem 1891 jenes an der Kalkbreitestrasse folgte. Das Bethaus bedurfte einer fortwährenden Erneuerung, desgleichen der Friedhof, der 1880 in den ‹Saum›, anstossend an den Zentralfriedhof, verlegt wurde. 1882 wurde die tausendjährige Kirchgenössigkeit zu St. Peter aufgehoben und Wiedikon zu einer selbständigen Kirchgemeinde erklärt. Die Hauptentwicklungsepoche der Gemeinde beginnt 1875, in welchem Jahre zwei Eisenbahnlinien durch ihr Gebiet angelegt werden, die lokalen Interessen dienende Ütlibergbahn und die sich zur internationalen Linie gestaltende linksufrige Zürichseebahn, welche nach jahrelangen Bemühungen 1891 eine Haltstation errichtete. Ein grosses Arbeitsfeld erschloss die Errichtung neuer und die Korrektion bestehender Strassenzüge (Sihl-, Albis-, Giesshübel-, Au-, Stein-, Schulhaus-, Wyl-, Kalkbreite-, Friedhof-, Zurlinden-, Zürcher-, Eich-, Seebahn-, Ütliberg- und Zelgstrasse), welche alle in dieser Zeit ausgeführt wurden. Mit der Stadt kam nach langdauernden Vorarbeiten eine direkte Verbindung über die Sihlhölzlibrücke zustande. Die Kanalisation und Wasserversorgung war ebenfalls eine grosse Aufgabe. Als weiteres Verkehrsmittel trat 1892 die Sihlthalbahn an die Reihe, welche in Berücksichtigung der lokalen Bedürfnisse zwei Stationen auf Gemeindegebiet anlegte.»
Der Anschluss an die Stadt erfolgte 1893 durch das Vereinigungsgesetz, dem Wiedikon mit 1113 Ja gegen 22 Nein begeistert zustimmte.

235 *An der Seebahnstrasse.*

236 *Chilbi 1888 auf der Ägertenwiese.*

237 *An der alten Schimmelstrasse.*

238 *Bahnübergang Schimmelstrasse.*

239 *Lehmgrube in Giesshübel. Die Tonerde Wiedikons wurde schon im 15. Jahrhundert abgebaut. Damals entstand die erste Ziegelhütte. Nach 1860 entwickelte sich eine eigene Tonwarenindustrie.*

240 *Das Sihlhölzli im Dezember 1916.*

241 *Altes Bet- und Schulhaus Wiedikon, das im 19. Jahrhundert Gemeindekanzlei, im Jahre 1892 Quartierbüro wurde. Abgebrochen 1910.*

242 *An der Stelle der alten Gemeindekanzlei wurde 1914 das Amtshaus Wiedikon eröffnet. Rechts anschliessend Gasthof zum Falken, das ehemalige Gesellenhaus.*

243 *Die Kalkbreitestrasse vor dem Ausbau.*

244 *Der «Kehlhof» an der Zweierstrasse 167. Abgebrochen 1899.*

245 *Restaurant Freieck am Manesseplatz.*

246 *An der Ämtlerstrasse um 1930. Rechts Einmündung der Kalkbreitestrasse.*

247 *An der Goldbrunnenstrasse, im «Saum». Aufnahme 1917.*

248 *An der Goldbrunnenstrasse. Aufnahme 15. Februar 1907, als dieser Strassenabschnitt noch «Westendstrasse» hiess.*

249 *Die alte Schmiede Wiedikon, die dem Platz den Namen gab.*

250 *Schmiede Wiedikon mit dem Schmiedebrunnen. In die Tiefe führt die Birmensdorferstrasse. Von 1911 an fuhr das Tram 5 auf Doppelspur. Im Hintergrund St. Jakobs-Kirche.*

251 *Das neue, 1791 erbaute Bethaus an der Schlossgasse mit dem gleichzeitig angelegten Friedhof. Die Einweihung des Bethauses wurde am 1. Mai 1791 im Beisein des Zürcher Pfarrers J. C. Lavater vorgenommen. Aufnahme 17. Mai 1910.*

252 *Bethaus an der Schlossgasse. Blick gegen die Schmiede. Aufnahme 1910.*

253 *An der Birmensdorferstrasse, von rechts die Zurlindenstrasse. Aufnahme 10. Januar 1910.*

254 *An der Schlossgasse.*

255 *Einmündung der Friesenbergstrasse von links in die Birmensdorferstrasse um 1915.*

256 *Aushub für das Bahntrassee beim heutigen Bahnhof Wiedikon. Im Hintergrund quer durch das Bild die Birmensdorferstrasse. Aufnahme 1918.*

Albisrieden

Albisrieden zählte 282 Einwohner, als 1816 die aus dem Mittelalter stammende Kirche so baufällig war, dass die beschlossene Renovation schliesslich unterbleiben musste. Aber im Kirchengut hatten die Vorfahren so viel Geld zusammengespart, dass die Gemeinde 1816/17 vom jungen Architekten Hans Conrad Stadler ganz aus eigenen Mitteln eine klassizistische Kirche bauen lassen konnte, die heute zu Zürichs bedeutenden Baudenkmälern gehört. Um 1850 zählte die Gemeinde noch keine 500 Seelen. 1866 erhielt Albisrieden, das zum Grossmünster kirchgenössig war, seine kirchliche Unabhängigkeit. Beliebte Ausflugsziele der Zürcher waren die Bauerngehöfte Unteres Triemli und Döltschihof, die beide 1870 eine Gartenwirtschaft eröffneten. Zusammen mit Altstetten ersuchte Albisrieden schon 1918 um einen Zusammenschluss mit Zürich. Doch erst die Eingemeindung von 1934 brachte den Anschluss an die Stadt, in der die ehemaligen Gemeinden Albisrieden und Altstetten den neunten Stadtkreis bilden.

257 *Das ehemalige Hotel Ütliberg, in dem sich später die Zürcher Waldschule befand. An seiner Stelle steht heute der Fernsehsendeturm. Aufnahme 1892.*

258 *Auf der Albisriederstrasse um 1910.*

259 *Im alten Dorfzentrum an der Albisriederstrasse um 1905.*

260 *Restaurant zum Sternen an der Albisriederstrasse.*

261 *Das Dorf mit dem Turm der 1817 eingeweihten Kirche. Aufnahme 1887.*

262 *Das alte Postbüro um 1905.*

Altstetten

Um 1845 zählte Altstetten bereits 1000 Einwohner, die nach dem damaligen Ortslexikon mit Landbau und Fabrikarbeit ihr Brot verdienten. Besonders erwähnt wurde die aus dem 15. Jahrhundert stammende Taverne, die Gastwirtschaft Blaue Ente. Sie lag damals etwas ausserhalb des Dorfes, wurde beim Bau des Altstetterhofes an den Lindenplatz verlegt, wo sie in jüngerer Zeit einging. Das Wirtshausschild, eines der schönsten der Schweiz, wird im Ortsmuseum aufbewahrt. Durch die Eröffnung der «Spanischbrötlibahn» im Jahre 1847 wurden die Beziehungen Altstettens zur Stadt enger. Die Gemeinde erhielt eine Bahnstation und eine Post mit Telegraf und Telefon. Doch noch in den 1880er Jahren besass die Gemeinde einen mit Säbel, Horn und Windlicht bewaffneten Nachtwächter, da der zuständige Kantonspolizist seinen Sitz in Höngg hatte. Am 20. Dezember 1900 fuhren die ersten Wagen der Limmattal-Strassenbahn durch das beflaggte Dorf. Ein Gesuch Altstettens vom Jahre 1918, zusammen mit Albisrieden in die Gemeinde der Stadt Zürich aufgenommen zu werden, war noch verfrüht. Die Angliederung erfolgte 1934. Seither hat sich Altstetten zu einem bedeutenden Industriezentrum entwickelt.

263 *Die aus dem 13. Jahrhundert stammende Kirche um 1905.*

264 *Der in den 1880er Jahren erbaute Bahnhof.*

265 *An der oberen Bahnhofstrasse, heute Altstetterstrasse. Aufnahme um 1900.*

266 *Die grosse Überschwemmung im Jahre 1910 an der heutigen Max Högger-Strasse. Im Hintergrund links das Restaurant zum Bahnhof.*

267 *Die Autofabrik Vulcan an der nach ihr 1933 benannten Vulkanstrasse. Aufnahme um 1915.*

268 *Wümmet in Altstetten um 1895.*

269 *An der Badenerstrasse. 1899.*

270 *An der Badenerstrasse um 1895.*

271 *Der Dorfbrunnen am Lindenplatz. 1895.*

Hottingen

Mit der Niederlegung der Zürcher Schanzen im Jahre 1834 erhielt Hottingen wieder eine direkte Verbindung zur Stadt. Der Zeltweg wurde zu einer Fahrstrasse ausgebaut, und Alfred Eschers Vater errichtete daran die ersten grossen Mietshäuser, die Escherhäuser. 1836 erfolgte der Bau der Rämistrasse, 1894 entstand die Witikonerstrasse durch das Stöckentobel. Schon 1862 wurde für verschiedene Strassen die Gasbeleuchtung eingeführt, 1870 der Wolfbach und der Klosbach eingedeckt. 1864 war eine Pferdebahn vom Hirschengraben nach dem Kreuzplatz projektiert, doch es dauerte noch drei Jahrzehnte, bis am 8. März 1894 die «Elektrische Strassenbahn» die beiden Linien Bellevue–Kreuzplatz–Burgwies und Bellevue–Pfauen–Römerhof–Kreuzplatz in Betrieb nahm.
Im Laufe der Zeit nahmen bedeutende Gelehrte und Künstler in Hottingen Wohnsitz. Zu ihnen gehörten Arnold Böcklin, Albert Heim, Gottfried Keller, Gottfried Semper, Johanna Spyri und Richard Wagner.
Eine Vereinigung mit der Stadt war für die wohlhabende und kulturell aufgeschlossene Gemeinde nicht zwingend, doch die Hottinger Behörden nahmen zu den Fragen einer zentralen Verwaltung schon früh eine positive Haltung ein, und der Gemeindepräsident Konrad Schellenberg wurde Vorsitzender des 1880 gegründeten «Vereins der Gemeinderäte von Zürich und Umgebung». Einen wirksamen Beitrag zur Stadtvereinigung leistete im übrigen der Kaufmann Karl Fierz-Landis, der mit dem Verlauf der Stadtgrenze bei der Hohen Promenade nicht zufrieden war, da sein neuerworbenes Gut entgegen seiner Annahme nicht der Stadt, sondern der Gemeinde Hottingen zugeteilt war. Vom 9. November 1881 an veröffentlichte er

alle acht bis zehn Tage im «Tagblatt» ein anonymes Inserat: «Frage. Wann werden die Ausgemeinden mit der Stadt vereinigt?» Fierz hatte Erfolg: die Vereinigung wurde mehr und mehr zum Tagesgespräch. Nach dem Anschluss Hottingens an Zürich im Jahre 1893 wurde der «Lesezirkel Hottingen» zum literarisch-kulturellen Zentrum der ganzen Stadt.

272 *Am Steinwiesplatz um 1910. Rechts die Hottinger-, links die Steinwiesstrasse.*

273 *Am Kreuzplatz im Frühjahr 1894. Aufnahme der Maschinenfabrik Oerlikon zur Eröffnung der Hottinger Tramlinie, die am 8. März mit einem Volksfest gefeiert wurde.*

274 *Am Kreuzplatz um 1905. Im Vordergrund der monumentale «Drei-Gemeinden-Brunnen». Rechts der Droschkenstandplatz. In der Bildmitte der alte Gasthof zum Ochsen an der Ecke Forchstrasse/Zollikerstrasse. Am Horizont die Neumünsterkirche.*

275 *Am Kasinoplatz um 1933. Links die Wilfriedstrasse, rechts die Gemeindestrasse.*

276 *Am Kasinoplatz. Links die Gemeindestrasse, rechts die Hottingerstrasse. Aufnahme 27. September 1909.*

277 *Am Hegibachplatz um 1905. Links kommt die Gemeindestrasse von der Klus herunter, rechts führt die Forchstrasse ins ehemalige «Dorf» Hirslanden hinauf. An der Strassenecke das alte, 1909 abgebrochene Wirtshaus zum Hegibach. Das Tram fährt zum Kreuzplatz.*

278 *Blick von der Gloriastrasse über die Rebberge auf Hottingen. Aufnahme 21. Juni 1917.*

279 *An der Dolderstrasse. Blick vom alten Dolder gegen den Scheibenrain im «Morgental». Aufnahme um 1880.*

280 *Blick von der Zürichbergstrasse auf Hottingen und Riesbach. Bei den drei sichtbaren Kirchtürmen handelt es sich links um die 1905 erbaute Kreuzkirche, in der Mitte um das 1839 eingeweihte Neumünster, rechts um die 1907 geweihte Antoniuskirche.*

281 *Die Wirtschaft Römerhof um 1895 von der Klosbachstrasse aus.*

282 *Die ländliche Wirtschaft Römerhof, ein beliebter Ausflugspunkt, wurde 1894 durch die «Elektrische Strassenbahn» mit der Stadt verbunden. Aufnahme um 1897.*

283 *Die am 12. Juli 1895 eröffnete Dolderbahn führte zum Waldhaus Dolder hinauf. Die Wirtschaft Römerhof, rechts im Bild, musste 1899 der heutigen Talstation weichen. Aufnahme im Herbst 1895.*

284 *Am Baschligplatz. Rechts aufwärts führt die Dolderstrasse. Aufnahme 17. Juni 1907.*

285 *Das 1895 eröffnete, im «Chaletstil» erbaute Waldhaus Dolder bildete die Bergstation der Dolderbahn.*

286 *An der Bergstrasse um 1905.*

287 *An der Kreuzbühlstrasse. Aufnahme der «Elektrischen Strassenbahn» auf der Fahrt vom Kreuzplatz zum Bellevue kurz vor der offiziellen Eröffnung im März 1894. Im Hintergrund die 1887–89 erbaute Villa Wegmann.*

288 *An der Klosbachstrasse oberhalb des Kreuzplatzes. Aufnahme 3. Mai 1907.*

289 *Am Baschligplatz im Jahre 1914.*

290 *Das 1899 eröffnete, im «Oberländer Stil» erbaute Grand-Hotel Dolder profitierte von seiner idyllischen Lage hoch über der «turbulenten Grossstadt». Die Verbindung zur Dolderbahn besorgte von 1899 bis 1930 das feuerrote Doldertram. Aufnahme um 1900.*

Fluntern

«Neben dem Boden der Altstadt ist es vorzugsweise derjenige Flunterns, der mit einer gewissen Ehrfurcht betreten wird», schrieb der Chronist anlässlich der Vereinigung Flunterns mit der Stadt Zürich am 1. Januar 1893. «Nicht dass sich die Geschichte dieser Ausgemeinde in Hinsicht auf grosse historische Thaten mit derjenigen Zürichs glaubt messen zu können, aber nirgends ist wohl ein Gebiet in der deutschen Schweiz zu finden, das geeigneter wäre, die Entwicklung des Kulturlebens von den Zeiten der Alemannen bis zur Reformation zur Anschauung zu bringen.» In der Tat müssen die sonnigen Hänge des Zürichbergs schon in prähistorischer Zeit besiedelt gewesen sein, und ein alemannischer Siedler namens «Flobot» soll «Flobotisreine», wie Fluntern im 9. Jahrhundert hiess, den Namen gegeben haben. Das im 12. Jahrhundert gestiftete Klösterchen St. Martin auf dem Zürichberg sorgte für dauernde enge Beziehungen mit der Stadt. Doch den Schritt vom Bauerndorf zur städtisch wirkenden Gemeinde tat Fluntern erst im 19. Jahrhundert. «In den dreissiger Jahren trat Fluntern lebhaft für den Fortschritt ein, und die Stube und der Garten des Plattenwirtshauses sah die Führer der Fortschrittspartei oft in lebhaftem Gedankenaustausch beisammen. Die Gemeinde selbst entwickelte sich, besonders im untern Theil, in erfreulicher Weise. 1836 ward die seit

1642 durch den Schanzenbau geschlossene Strasse durch den ‹Florhof› wieder geöffnet, das alte Gesellenhaus verkauft und dessen Schenkrechte auf das Wirthshaus zur Platte übertragen, 1838 erhob sich das ältere Schulhaus an der Hochstrasse, 1844 fand der erste Gottesdienst im Bethause statt, und 1865 verband die neue Hochstrasse den Vorder- mit dem Hinterberg und Oberstrass. Im unteren Theile entstand 1857, gleichzeitig mit dem Bau des Polytechnikums, die schöne Plattenstrasse mit ihren Neubauten, in den sechziger Jahren verlegte der Staat den Kantonsspital und seine Annexbauten in das Areal zwischen Schmelzberg- und Häldelistrasse, die siebziger Jahre sahen ganze Quartiere entstehen und verliehen dem untern Gemeindetheile den Charakter einer Vorstadt, während der obere Theil bis zur Eingemeindung sein ländliches Aussehen bewahrt hat. 1886 erstellte man die Gloriastrasse, an der sich in rascher Folge schöne Wohnhäuser erhoben. Am unteren Eingang der Gloriastrasse entstand 1886/87 das grossartige Physikgebäude des eidgenössischen Polytechnikums und vollendete die Gestalt der Gemeinde.»

291 *Das alte Kirchlein von Fluntern, das erst 1862 einen Turm und Glocken erhielt. Aufnahme am 17. Oktober 1895.*

292 *Gärten und Rebberge beim alten Dorf Fluntern.*

293 *Die Hinterbergstrasse um 1910.*

294 *An der Zürichbergstrasse, 1918. Das Haus rechts (Nr. 42) wurde 1928 abgetragen.*

295 *An der Toblerstrasse. Aufnahme 11. Mai 1929.*

296 *Bei der Kirche Fluntern lag die Endstation der am 15. Februar 1895 eröffneten «Zentralen Zürichbergbahn». Das Tram war von Anfang an defizitär. Trotz ästhetischer Bedenken entschloss man sich 1897 zur Wagenreklame. Auf unserem Bild ist die grosse Reklametafel über der Stirnseite des Tramwagens zwar angebracht, aber offensichtlich noch nicht vermietet.*

Hirslanden

Im Jahre 1832 zählte Hirslanden 299 Gebäude, die vor allem im Dorf, im Balgrist und in der Eierbrecht Komplexe bildeten. Die uralte Grüningerstrasse, heute Forchstrasse, wurde 1845 ausgebaut und an der Stelle der hölzernen Brücke über den Wehrenbach eine steinerne erstellt. «Erst zu Anfang der siebziger Jahre begann sich aus dem Dorfe, das von den Zürchern stets gerne besucht ward, die zürcherische Vorstadt herauszuschälen. Im April 1871 führte die Gemeinde die städtische Bauordnung für die Hauptgebiete der Gemeinde ein, und damit war die neue Ära begonnen. Der ersten Trottoiranlage vom Hegibach zum Kreuzplatz reihten sich in rascher Folge an: Strassenbeleuchtung 1872, Beginn der Brauchwasserversorgung 1873, Erstellung der Bergstrasse 1875, Ausbau der Klusstrasse 1877, Korrektion des Wehrenbaches 1878, Bau eines Schulhauses 1883, Etablierung eines Post- und Telegraphenbüros 1890, Erstellung eines Spritzenhauses 1892, Anschluss an die Stadt Zürich 1893.»
Die Zustimmung zur Eingemeindung erfolgte mit 438 Ja- gegen 137 Nein-Stimmen. Zu diesem Zeitpunkt betrug die Bevölkerung 4500 Personen.

297 *Blick auf Hirslanden. Im Hintergrund der Burghölzlihügel und die Heilanstalt.*

298 *An der Burgwies um 1910. Hinter dem Tramwagen steht der Forchbus der Firma Martini AG. 1912 wurde er durch die Forchbahn ersetzt.*

299 *An der Forchstrasse. Von links Einmündung der Freiestrasse.*

300 *Am Hegibachplatz um 1906. Von links kommt die Hegibachstrasse, nach rechts führt die Forchstrasse. In der Bildmitte das alte Wirtshaus zum Hegibach, das 1909 abgetragen wurde.*

Witikon

Bei der Eingemeindung des Jahres 1934 kam das 787 Einwohner zählende Bauerndörfchen Witikon, an der «Passstrasse» nach Fällanden und Maur gelegen, als die kleinste, bescheidenste Gemeinde ohne Fabriken, Werkstätten und Wohnsiedlungen zur Stadt Zürich. Seither hat sich das hochgelegene, wald- und sonnenreiche Quartier zur begehrten Wohnlage entwickelt.

301 *An der Witikonerstrasse. Aufnahme 19. April 1910.*

302 *Witikon von Südosten. Wahrzeichen ist die 946 erstmals erwähnte Kirche, die bis 1864 eine Filialkirche des Grossmünsters war.*

Riesbach

Im 19. Jahrhundert wurde das «Seefeld» zu einem beliebten Villen- und Wohnquartier, das dringend nach einer besseren Verbindung zur Stadt und mit deren Hilfe nach einer Lösung seiner Infrastrukturprobleme verlangte. Aus dem Seefeld kam denn auch 1876 der entscheidende Vorstoss zum Bau einer Strassenbahn vom Tiefenbrunnen zum Hauptbahnhof. Als am 5. September 1882 die «elegant dahineilende Pferdebahn» vom Seefeld in die Stadt rollte, waren auch die Bevölkerungszahlen und die Bodenpreise des vornehmen Wohnquartiers nicht mehr aufzuhalten. «Mit den achtziger Jahren begann, verbunden mit dem Auszug mancher wohlhabender Leute aus den engen Häusern der Stadt, die Periode der villenartigen Bebauung, welche mit der Vereinigung der Gemeinden sich in nicht geahnter Weise steigerte und unser Stadtbild zu einem ungemein freundlichen gestaltete», schrieb die Presse um die Jahrhundertwende. Die Gemeinde Riesbach kam 1893 zu Zürich, nachdem der Vereinigung 1059 Riesbächler zugestimmt und 547 das Gesetz abgelehnt hatten.

303   *Schützenhaus Rehalp an der Forchstrasse. Aufnahme 16. Februar 1912.*

304   *Ausbau der Forchstrasse. Das Haus links an der Strasse ist das Restaurant zur Burgwies. Aufnahme 28. Mai 1910.*

305   *An der Zollikerstrasse. Nach rechts zweigt die Feldeggstrasse ab. In der Bildmitte das Restaurant zum Feldgarten, in dem Tiefenbrunnen-Bier ausgeschenkt wurde. Am rechten Bildrand der Samariterposten. Aufnahme um 1910.*

306   *Das Restaurant zur alten Farb an der Florastrasse.*

307   *Die Tramway-Stallungen des Rösslitrams an der Seefeldstrasse 175. Das Depot bot Platz für 65 Pferde und 14 Wagen. Aufnahme um 1885.*

308   *Das alte Kasino «zum tiefen Brunnen» mit Gartenwirtschaft um 1890. «Gott grüezi! kei Durscht?» stand unter dem Bild einer fröhlichen Kellnerin links neben dem chaletartigen Eingang. 1894 wurde das Rösslitram bis zum Bahnhof Tiefenbrunnen verlängert.*

309   *Bauarbeiten an der Mühlebachstrasse. Aufnahme 17. November 1910.*

310   *Ecke Seefeldstrasse/Falkenstrasse um 1910.*

311   *Die 1870 eröffnete Heilanstalt Burghölzli für Geisteskranke. Aufnahme um 1890.*

312   *Blick auf Riesbach und die 1839 eingeweihte Neumünsterkirche. Aufnahme 1900.*

313   *Das Grand Café du Théâtre an der Dufourstrasse. Aufnahme um 1905.*

314   *Flachbodiges Transportschiff im Hafen Riesbach. 1892.*

Enge

Die Gemeinde Enge, deren Gebiet ursprünglich bis an den Fröschengraben reichte, suchte schon früh eine Zusammenarbeit mit der sich immer breiter machenden Stadt. Aber in der Abstimmung vom 9. August 1891 über den Anschluss an Zürich lehnten die Engemer die Vorlage mit 453 Nein gegen 448 Ja ab. Doch auch die Gegner Gross-Zürichs mussten sich schliesslich dem «Wohl der Allgemeinheit» fügen. So schrieb der Chronist 1893: «Die Hauptentwicklung brachten erst die zwei letzten Dezennien mit der Anlage des Villenquartiers und dem Bau des Seequais, welche rasch mit Strassenzügen geschmückt waren: 1875 Gotthardstrasse, 1875 Mythenstrasse und Stockerstrasse, 1884–1886 Breitinger-, Lavater-, Venedig- und Sternenstrasse. Auch der hintere Teil der Gemeinde wurde dem Verkehr erschlossen, namentlich durch den Bau der Sihlbrücke und Utostrasse und der Korrektion der Brandschenke-, Waffenplatz- und Bederstrasse. Seit 1875 durchfährt die linksufrige Seebahn die Gemeinde, und es ist der Bahnhof Enge namentlich im Personenverkehr zu Bedeutung gelangt. Zur Seebahn gesellte sich 1883 das Tramway bis zur Stockgasse, und der See belebte sich 1892 mit den Dampfschwalben. Die Bevölkerung stieg auf 2277 Einwohner im Jahre 1850 und belief sich 1888 auf 5109 Seelen. Dieses beständige Anwachsen erforderte 1854 den Anbau des Schulhauses an der Bederstrasse und 1874 des Schulhauses auf dem Gabler. Als Krönung des Ganzen erscheint der 1888 beschlossene Bau einer Kirche, deren Bauplatzwahl zu einer tiefgehenden Bewegung Anlass gab und in der grössten Gemeindeversammlung vom 24. August 1890 gipfelte. Hier wurde mit grosser Mehrheit die Bürgliterrasse als Bauplatz bestimmt, und heute erhebt sich unter dem Erbauer Prof. A. F. Bluntschli die neue Kirche bereits als Rohbau. Den Beginn der neuen Ära wird sie allerdings noch nicht mit Glockengeläute begrüssen können.» Die Kirche Enge wurde am 24. Juni 1894 eingeweiht.

315   *Das Rösslitram verkehrte auf der Strecke Riesbach–Helmhaus–Bahnhof–Paradeplatz–Enge. Um 1894 wurde es auf der rechten Seeseite nach dem Bahnhof Tiefenbrunnen verlängert. Unser Bild: Ausweichstelle des Trams beim heutigen Tessinerplatz. Nach rechts führt die einspurige Seestrasse, nach links die Lavaterstrasse. Aufnahme um 1895.*

316   *Schützenfest 1924. Abschied der Schützen vor dem alten Bahnhof Enge.*

317   *Eingang zum Ulmbergtunnel, der bis zur Tieferlegung der linksufrigen Seebahn im Jahre 1927 von der Eisenbahn benutzt wurde. Aufnahme 14. Juni 1926.*

318   *An der Beethovenstrasse um 1900.*

319 *«Auf dem Stock». Das Haus mit der efeuüberwachsenen Südwand wurde auch «Zu den drei Tannen» genannt und soll auf das 14. Jahrhundert zurückgehen. Aufnahme um 1900.*

320 *An der Brandschenkestrasse um 1910. An der Strassenecke das Restaurant Selnau. Am linken Bildrand das Haus des Konsum-Vereins.*

321 *«Auf dem Stock» an der Kreuzung der Kurfirsten- mit der Brunaustrasse. Im Hintergrund das Haus zu den drei Tannen. Im Vordergrund mit behäbigem Krüppelwalmdach die 1944 beseitigte einstige Wirtschaft zum Stock. Aufnahme 1914.*

322 *Das 1776 erbaute und 1894 abgetragene Bethaus Enge unterhalb der Bürgliterrasse. Aufnahme 1890.*

323 *Auf der Bürgliterrasse, wo seit 1894 die weithin sichtbare Kirche Enge steht. Unser Bild: die 1838 erbaute Pension zur Bürgliterrasse mit dem 1863 erstellten Anbau, der einen Gesellschaftssaal, einen Tanz- und einen Speisesaal umfasste. Der ganze Komplex wurde 1891 abgetragen.*

324 *Ecke Bleicherweg/Stockerstrasse. Aufnahme 18. Oktober 1891.*

325 *Am Bleicherweg. Rechts das Postamt «Zur Sonne». Um 1912.*

326 *Die Utobrücke. Neulegung der Gasleitung nach einer Explosion. Aufnahme 4. Januar 1909.*

327 *Abbruch des Hauses Bederstrasse 109 im Jahre 1911.*

328 *An der Bederstrasse. Aufnahme 7. Oktober 1912.*

329 *An der Bederstrasse vor der Utobrücke. Aufnahme 15. August 1906.*

330 *An der Bederstrasse bei der Einmündung der Ringgerstrasse um 1912.*

331 *An der Bederstrasse bei der Abzweigung der Steinentischstrasse. Aufnahme 1904.*

332 *Das Eidgenössische Schützenfest 1907 rief nach besseren Verbindungen zum Albisgütli. Ein hölzerner Steg zwischen Bleicherweg und Seestrasse ersparte den Besuchern das Warten vor den geschlossenen Bahnschranken. Aufnahme 1907.*

333 *An der Seestrasse. Aufnahme am 20. Januar 1925.*

Wollishofen

Wollishofen, das keine direkten Grenzen zur Stadt hatte, lehnte die Gesetzesvorlage über die Vereinigung mit Zürich entschieden ab. 124 Ja- standen 256 Neinstimmen gegenüber. Nach diesem Ergebnis der Abstimmung vom 9. August 1891 wollte sich die Gemeinde dem erdrückenden Mehr in den anderen Gemeinden nicht beugen. Der Gemeinderat rekurrierte bei der Bundesversammlung. Der Bundesrat entschied, dass eine einzelne Gemeinde sich gegen einen Akt des öffentlichen Staatsinteresses nicht auflehnen könne. Zum Zeichen, dass Wollishofen nicht aufhören werde, gegen die Vereinigung mit der Stadt Zürich «hautement» zu protestieren, wurde ein letzter Protest im Kirchturmknopf hinterlegt.

Seit der Eingemeindung im Jahre 1893 hat sich Wollishofen zum bevölkerungsreichsten Quartier am linken Seeufer entwickelt. Die Bautätigkeit hat hier vor allem durch die genossenschaftliche Aktivität starke Impulse empfangen. Mehr als ein Viertel der Wohnungen sind solche von Genossenschaften. Als Pionierleistung von nachhaltiger Bedeutung gilt die Genossenschaftssiedlung Neubühl. 1930–1932 im Auftrage des Schweizerischen Werkbundes entstanden, ist das «Neubühl» noch immer moderner als das meiste, was inzwischen ringsum entstand. Doch eine typische Arbeitersiedlung, wie man es sich einst vorgestellt hatte, wurde das «Neubühl» nie. Namhafte Intellektuelle, Schriftsteller, Künstler und Schauspieler haben hier wichtige Jahre ihres Lebens verbracht.

334 *Der Neubühl an der Grenze gegen Kilchberg vor der Erbauung der Pioniersiedlung. Aufnahme 1929.*

335 *Der Bahnhof Wollishofen um 1910.*

336 *Die Albisstrasse in Wollishofen, vom Morgental aus aufwärts gegen das Unterdorf. Aufnahme um 1920. Linker Hand steht heute die katholische Kirche.*

337 *Die Kilchbergstrasse um 1905.*

338 *An der Seestrasse um 1906. In der Bildmitte der Gasthof zum Hirschen.*

339 *An der Seestrasse um 1900.*

340 *Das alte bäuerliche Dorfzentrum mit der 1702 erbauten Kirche. Aufnahme um 1890.*

Leimbach

Wie die Enge war Leimbach in Kirchen- und damit auch in Schulangelegenheiten von der Kirchgemeinde St. Peter abhängig. Diese starke Bindung zu Enge hielt bis zur Stadtvereinigung an. 1893 kamen die Gemeindeteile Unter- und Mittelleimbach zu Zürich, Oberleimbach aber zur politischen Gemeinde Adliswil. Das waldreiche, im Sihltal gelegene Stadtquartier ist durch den Entlisberg und die Allmend von der übrigen Stadt getrennt. So konnte die alte Bauerngemeinde ihren ländlichen Charakter bis in die jüngste Zeit bewahren.

341 Am Ende der Frymannstrasse um 1900.

342 Im Dorfzentrum um 1900.

343 Blick gegen die Kirche um 1910. Links der Bildmitte mit dem ausladenden Dach die alte Obstkelterei Leimbach.

Oerlikon

Heute Zentrum der Glattalstadt Zürich-Nord, war Oerlikon bis zur Eingemeindung im Jahre 1934 die wohlhabendste Gemeinde des Kantons Zürich. Ursprünglich ein Weiler des recht weit abgelegenen Schwamendingen, entwickelte sich das kleine Bauerndorf seit der Eröffnung der Bahnlinie in unerwarteter Weise. Hauptursache dieses Wachstums war die in Bahnhofnähe entstehende Maschinenindustrie, die vor allem Arbeiter aus dem Oberland und dem unteren Glattal anlockte. Nach verschiedenen vergeblichen Versuchen konnte sich Oerlikon 1872 politisch von Schwamendingen lösen. Das 1897 eröffnete «grüne Oerlikoner Tram», eine Entwicklung der Maschinenfabrik Oerlikon, galt als Beispiel einer modernen Strassenbahn und war den Zürchern lange ein Dorn im Auge.

Leidtragende der Prosperität Oerlikons waren die drei Nachbargemeinden im Glattal, in denen sich die kinderreichen, wenig wohlhabenden Arbeiter ansiedelten. Ein von Affoltern und Seebach angeregter Steuerausgleich unter Zürichs Nachbargemeinden schlug fehl. Im Sommer 1926 protestierte der «Oerlikoner Gemeindeverein» gegen den Plan, «die Sanierung der Zürcher Vorortsverhältnisse mittels der Schaffung eines Gross-Oerlikon durchzuführen». Die Lösung brachte der Zusammenschluss der vier Glattalgemeinden mit der Stadt im Jahre 1934. An der betreffenden Volksabstimmung vom 5. Juli 1931 stimmte Oerlikon dem Verzicht auf seine Gemeindeautonomie mit 2509 Ja- gegen 316 Neinstimmen zu.

344 Die am 25. August 1912 eröffnete Radrennbahn Oerlikon.

345 Blick auf die Schulstrasse (rechts), die Franklinstrasse (links) und die Maschinenfabrik Oerlikon. Im Vordergrund das Restaurant zum Bären. Aufnahme um 1917.

346 Oerlikon im Jahre 1898. Rechts im Vordergrund die Maschinenfabrik Oerlikon. Gegen den linken Bildrand die Jungholzstrasse. Im Hintergrund der Sattel des Milchbucks, der Oerlikon vom Limmattal trennt.

347 Der «Bläsihof» im Dorflindequartier, dem ehemaligen Gemeindezentrum. Aufnahme um 1950.

348 Die Oerlikonerstrasse um 1910. Im Hintergrund die 1908 eingeweihte reformierte Kirche. In der Bildmitte rechts das efeubewachsene Gebäude der 1903 eröffneten Kugellagerfabrik.

349 Die grüne «Strassenbahn Zürich–Oerlikon–Seebach», Oerlikoner Tram geheissen, wurde am 31. Oktober 1897 eröffnet. Das Rollmaterial bestand aus 15 «Automobilen» mit 20 Sitz- und 13 Stehplätzen. Sie waren nicht nur grösser als alle anderen zürcherischen Tramwagen, sie besassen auch eine eigene Kraftstation in Form eines Kohlegasgenerators «mit extraschwerem Schwungrad». Aufnahme von der Probefahrt vor dem «Doktorhaus» an der Schaffhauserstrasse.

350 Oerlikon um 1928. Blick über die Regensbergstrasse auf die Häuser an der Schwamendingenstrasse und die 1893 eingeweihte katholische Herz-Jesu-Kirche.

Seebach

351 Das Restaurant Binzmühle. Links die Allmann-, rechts die Binzmühlestrasse.

352 Schwingfest auf der Sonnenburgwiese. Aufnahme um 1907.

353 Das Kirchenfeld. Rechts das Oberdorf und die reformierte Kirche, links das Schulhaus auf dem Buhnhügel. Aufnahme 1899.

354 Die Schaffhauserstrasse mit einem Wagen des Oerlikoner Trams. Aufnahme um 1905.

Schwamendingen

Einst die bedeutendste unter den vier 1934 an Zürich gekommenen Glattalgemeinden, verlor Schwamendingen seine Position, weil es sich mit Vehemenz gegen einen Eisenbahnbau durch seine Wiesen und Felder gewehrt hatte. So wurde das viel kleinere Oerlikon 1855/56 zum Eisenbahnknotenpunkt und sagte sich 1872 vom bald überflügelten Schwamendingen los. Eine wichtige Lebensader Schwamendingens war die Glatt, einst einer der fischreichsten Flüsse. Doch in der Zeit von 1860 bis 1878 trat sie viermal über die Ufer, und 1881 konnte man mit Ruderbooten bis in den Dorfkern von Schwamendingen fahren. Eine grosse Glattkorrektion machte diesem Übelstand 1885 ein Ende. Um die Jahrhundertwende begannen sich immer mehr Bauernsöhne der Oerlikoner Industrie zuzuwenden. Am 31. Mai 1906 wurde eine Zweiglinie der Oerlikoner Strassenbahn nach Schwamendingen eröffnet, doch die Städtischen Strassenbahnen machten dem Neuling dauernd Schwierigkeiten. So beanstandeten sie an den extra gekauften Tramwagen eine Überbreite von 5 cm. Nachdem 1929 die Stadt das grüne Konkurrenztram übernommen hatte, wurde die Schwamendinger Linie am 1. Mai 1931 auf Bus umgestellt.

Baulich blieb Schwamendingen bis zum Zweiten Weltkrieg ein Bauerndorf, dessen Mittelpunkt die mittelalterliche Kirche und der Kehlhof des Grossmünsters bildeten. 1910 zählte das Dorf 1400 Einwohner, bis zum Zeitpunkt der Eingemeindung hatte sich die Bevölkerung erst verdoppelt, doch dann wuchs sie in 20 Jahren auf das Neunfache. Schwamendingen erwies sich als wertvolle Landreserve der Stadt und wurde zum eigentlichen Versuchsfeld des genossenschaftlichen Wohnungsbaus. 1957 waren mehr als die Hälfte aller Wohnungen, nämlich 56 Prozent, im Besitz von Genossenschaften.

355 *Blick vom Hang des Zürichbergs auf das alte Dorf bei der Kirche und die ersten Wohnsiedlungen. Aufnahme um 1930.*

356 *An der alten Überlandstrasse. Aufnahme 21. August 1936.*

357 *Der alte Dorfplatz. Links der Gasthof Hirschen, anschliessend die Molkerei Schwamendingen. Aufnahme um 1938.*

Affoltern

Affoltern «bei Höngg», mit dem es ursprünglich kirchlich verbunden war, erhielt 1896 die regierungsrätliche Bewilligung, sich fortan «Affoltern bei Zürich» zu nennen. Erschlossen wurde das ländliche Dorf im 19. Jahrhundert durch den Bau der Wehntalerstrasse von Zürich nach Regensdorf. 1877 erhielt Affoltern durch die Eröffnung der Bahnlinie Oerlikon–Wettingen einen eigenen Bahnhof. Dem Industriegebiet Oerlikons am nächsten gelegen, hatte die Gemeinde unter der unheilvollen Entwicklung am meisten zu leiden: Durch die Zuwanderung kinderreicher Arbeiterfamilien wuchs ihre Einwohnerzahl von 857 im Jahre 1888 auf 2044 im Jahre 1910. Um 1922 betrug der Staatssteuerertrag pro Einwohner in Affoltern Fr. 15.90, in der Stadt Zürich Fr. 90.10, in Oerlikon Fr. 92.30. Der gesetzlich zulässige Steuerfuss von 250 Prozent der Staatssteuer reichte nicht mehr zur Deckung der notwendigsten Aufgaben hin. In Oerlikon betrug der Steuerfuss hingegen nur 114 Prozent. Wie 1893 das überforderte Aussersihl, gab 1934 Affoltern den Ausschlag zur Eingemeindung, die acht Vororte betraf. Die Gemeinde Affoltern stimmte der entsprechenden Vorlage mit 687 Ja- gegen nur 12 Neinstimmen zu.

358 *Der alte Dorfplatz von Affoltern mit dem 1827 erbauten Restaurant Löwen.*

359 *Der 1877 erbaute Bahnhof Affoltern um 1900.*

360 *Vor dem Depot der Landwirtschaftlichen Genossenschaft Affoltern an der Wehntalerstrasse. Aufnahme um 1915.*

361 *Eissäger am Katzensee, der zur Hälfte zum alten Gemeindebann von Affoltern gehörte. Die Eisstücke wurden jeweils in besonderen Kellern gelagert und dienten im Sommer vor allem der Kühlung von Bier. Aufnahme um das Jahr 1900.*

Draussen vor der Stadt: der Bau des neuen Bahnhofs

Die weissschimmernde Fassade, die sich 1870 draussen vor der Stadt wie ein Schiff aus der grünen Wiese erhob, war Zürichs Stolz und Stadtgespräch. «Das wichtigste Verkehrsmittel der Neuzeit, dasjenige der Eisenbahn, ist Zürich schon im Jahre 1847 mit der ersten Bahnstrecke von Zürich nach Baden, 23 Kilometer lang, zu Theil geworden», lesen wir im offiziellen Stadtführer. Doch dem 1847 erstellten, von einem Gartenzaun umgebenen Bahnhöflein der «Spanischbrötlibahn» war keine lange Dauer beschieden. Zwanzig Jahre später war mit dem Bau des heutigen Hauptbahnhofs begonnen worden, «einem der schönsten Bahnhöfe Europas». Geistiger Urheber und treibende Kraft war Alfred Escher, zürcherischer Regierungspräsident und Präsident des Nationalrates.

Bahnhöfe bildeten damals neben dem finanziellen auch ein architektonisches Problem. So mächtige Räume, wie sie für die Aufnahme von rauchenden Eisenbahnzügen nötig waren, hatte man bisher noch nie gebaut. Höchstens grosse Kirchen konnten als Vorbild dienen. So kam es, dass die Bahnhöfe der Gründerzeit zumeist einen oder gar mehrere Türme aufwiesen, die im obersten Geschoss mit Schallöchern ähnlichen Öffnungen deutlich an Glockentürme erinnerten. Da und dort wurden sogar ganze Geläute hineingehängt. Dieses Kirchenbaudenkmal ist auch am Zürcher Bahnhof nicht spurlos vorübergegangen: Hoch oben, in der Mittelachse der limmatseitigen Fassade, hängen noch heute zwei Glöcklein, als müssten sie zum Abgang der Züge läuten. Am 16. Oktober 1871 wurde der

Bahnhof eröffnet. «Eine bewundernde Menge wälzte sich durch die riesigen Hallen und die glänzend erleuchteten Wartsäle. Vor allem wurden der Luxus der Restaurants und die Noblesse der Toiletten bestaunt. Das Ganze, im grandiosen Stile der Renaissance gebaut, erregte ungeteilte Bewunderung!»

Architekt war der Württemberger Jakob Friedrich Wanner (1830–1903). Von Ferdinand Stadler wurde der Bauzeichner 1853 als Bauführer an die Nordostbahn geholt und von dieser 1865 mit dem Projekt und der Ausführung des Bahnhofs betraut. Der Bau sollte 1869 vollendet sein, doch ein schwerer Sturz Wanners vom Baugerüst brachte eine Verzögerung von fast zwei Jahren.

362   Eines der frühesten Bilder der Bahnhoffassade. Weiss wie Marmor erhebt sich der Bau im Sommer 1871 aus der grünen Wiese vor der Stadt.

363   Der Bahnhof während der Bauzeit. Sechs Geleise führen in die Halle, die noch keine Perrons kannte. Bis sie überdeckt wurde, diente der kleine Holzpavillon in der Mitte den Passagieren als Regendach. Die Weichen mussten noch von Hand gestellt werden; als Weichenwärter wurden deshalb nur kräftige, gesunde und – der hohen Verantwortung ihrer Tätigkeit entsprechend – bestens beleumundete Männer eingestellt.

Baugruben am Schanzengraben und am Lindenhof

Die Zürcher Wasserversorgung mit filtriertem Limmatwasser galt als ein Meisterwerk des Stadtingenieurs Arnold Bürkli. 1883 verlieh ihm die Medizinische Fakultät der Universität den Ehrendoktor. Doch im folgenden Jahr brach eine Typhusepidemie aus, die auf ein Versagen des Filters und das Eintreten von ungereinigtem Flusswasser in die im Limmatbett liegende Rohrleitung zurückzuführen war. 627 Erkrankungen und 63 Todesfälle meldete die Medizinalstatistik. Nun wurde von Bürklis Nachfolger die Wasserfassung, die bisher oberhalb der Münsterbrücke gelegen hatte, in den See hinaus verlegt. Eine 2000 m lange Leitung von 90 cm Durchmesser leitete das Seewasser durch das Schanzengraben- und Sihlbett zur neuen Sandfilteranlage, die sich an der Stelle der heutigen Kunstgewerbeschule befand. Seither ist in Zürich niemand mehr wegen schlechten Trinkwassers erkrankt.

Aber die Verlegung der Wasserleitung von der Limmat in die Sihl hatte auch einen Nachteil. Vordem fror der Schanzengraben fast jeden Winter zu und bildete vom Bleicherweg bis zum Bärenbrüggli ein beliebtes Eisfeld. Abends wurden Kienfackeln angezündet, die den Schlittschuhläufern als romantische Beleuchtung dienten. Einige der eisernen Befestigungsvorrichtungen sind heute noch im Mauerwerk verankert. Die neue Wasserversorgung machte diesem Idyll ein Ende. Recht wehmütig schrieb der Zürcher Industrielle Alfons Züblin-Escher 1921 in seinen «Erinnerungen eines alten Zürchers»: «Auf dem Grund des Schanzengrabens ist leider ein grosser Rohrstrang gelegt worden, der aus der Tiefe des Sees das Wasser dem städtischen Pumpwerk zuführt. Dadurch erhält das Wasser des Schanzengrabens auch im Winter eine relativ wärmere Temperatur, und das Gefrieren ist verhindert.» Daran hatte man wohl kaum gedacht. Nur in besonders kalten Wintern konnte der Schanzengraben seither noch als Eisfeld benützt werden. Durch die grossen Bauanstrengungen vor und nach der Jahrhundertwende wurde Zürich zu einer sauberen und modern verwalteten Stadt. Doch das hatte auch seine Kehrseite. Der Bau der Amtshäuser auf dem Ötenbachhügel und an der Uraniastrasse war ein spürbarer Einbruch in das alte Stadtbild und seine Traditionen. Die Ötenbachgasse als Zufahrt zum mittelalterlichen Nonnenkloster und zur späteren Strafanstalt Ötenbach hatte zwar nie grosse Geschichte gemacht. Doch bei den Zürcher Knaben des letzten Jahrhunderts war sie durchaus würdig, neben den Thermopylen, neben Morgarten und Sempach genannt zu werden. Seit unergründlichen Zeiten fanden hier die Zürcher Bubenschlachten statt, der Rennwegler gegen die Niederdörfler und die «Säugmeindler», nämlich die Aussersihler. Am Fasnachtsmontag, am «Prügelmontag», kamen sie in die Stadt, fürchterlich verkleidet und mit grossen «Saublateren», aber auch mit Stecken und Knebeln, mit Hagenschwänzen und grossen Rätschen bewaffnet. Wer wollte, konnte sich bei Tapezierer Eigenmann an der Ötenbachgasse melden: der fütterte jedem die Kappe dick mit Stopfwolle. Die Hauptschlacht wurde stets vor dem Eingang zur Lindenhofstrasse geschlagen. In all den Jahren gelang es den «Säugmeindlern» nur ein einziges Mal, den Ötenbach zu stürmen, den Lindenhof zu erobern und so den Sieg davonzutragen. An Schlachtenbummlern fehlte es nie. Und am obersten Fenster eines Hauses am Rennweg stand Frau Vogel, die mit vielen Nachbarinnen den Kampf verfolgte. «Nachher chömed er dänn na zu mir!» rief sie, «es chunnt jede Bueb e römischi Münzen über!»

364   Nach der Verlegung der Rohwasserleitung in den Schanzengraben entstand hier nur noch selten tragfähiges Eis. Im kalten Winter 1892/93 meldete die «Neue Zürcher Zeitung» am 6. Januar: «Die Eisbahn auf dem Schanzengraben ist seit gestern geöffnet. Unsere Jugend hat sich des Tummelplatzes für Kraft, Grazie und Galanterie rasch bemächtigt. Ein fröhliches Gewimmel entwickelte sich bereits am ersten Nachmittag auf der glatten Fläche, und nicht minder dicht bevölkerte sich die Uferstrasse von der Selnaubrücke zur Bleicherwegbrücke mit Zuschauern, denn der Eislaufplatz ist auch zum Zuschauen und Gesehenwerden gar trefflich eingerichtet.» Unser Bild: Blick auf den Schanzengraben und die Bleicherwegbrücke. 1893.

365 *Baugrube für das Amtshaus IV. Blick von der Uraniastrasse zur Ötenbachgasse. Aufnahme vom 28. Juni 1912.*

366 *Bauarbeiten für die neue Trinkwasserversorgung. Verlegung der Rohwasserleitung in den Schanzengraben. Um 1885. Blick gegen die Selnaubrücke.*

369 *Sommerwagen der Pferdebahn im Talacker auf der Fahrt nach der Sihlporte. Aufnahme 1892. Die 1889 angeschafften zwei Sommertrams der Nr. 31 und 32 mit Dach und Vorhängen boten auf sieben Querbänken mit umlegbaren Rücklehnen 28 Sitzplätze.*

370 *Einrichten eines Telefonmastes an der Dreikönigstrasse am 7. Mai 1889. Im Hintergrund Ökonomiegebäude der Villa Zollinger-Billeter.*

Die Errungenschaften der Technik

«Die Errungenschaften des 19. Jahrhunderts auf dem Gebiet der Technik, des Verkehrs und insbesondere derjenigen der Entwicklung der Verkehrsmittel werden auch für die Zürcher in reichem Masse dienstbar und nutzbar gemacht», hiess es um 1887 von höchster Stelle. Und das waren keine leeren Versprechungen. Schon am 15. Juli 1852 war Zürich an das internationale Telegrafennetz angeschlossen worden, und am nächsten Sechseläuten hatte sogar ein Bundesrat seine persönlichen Glückwünsche nach Zürich depeschiert. Im September 1882 wurde – allerdings von einer privaten Gesellschaft – das Rösslitram eröffnet. «Das Abladen von Holz und Steinen und sonstigen hindernden Gegenständen sowie die Vornahme von gewerblichen oder anderen Arbeiten auf dem Geleise» war fortan polizeilich untersagt, wobei die Kondukteure der Tramway-Unternehmung Rechte und Pflichten von Polizeiangestellten besassen und vom Statthalteramt ins Handgelübde genommen wurden. Der Tramway wurde im übrigen nicht nur zu den «Toilettemitteln» einer modernen Stadt gerechnet, die «elegant dahineilende Pferdebahn» galt als eindeutiges «Merkmal der Grossstadt mit ihrem hundertfach sich durchkreuzenden Gewimmel der verschiedenartigen Vehikel». Das Betriebsmaterial der «Zürcherischen Strassenbahn» zählte anfänglich 20 Wagen und 81 Pferde. «Die wohlgepflegten, zierlich gebauten und doch kräftigen Thiere der Ardenner Rasse sind der Stolz der Gesellschaft und die erklärten Lieblinge des Zürcher Publikums.»

367 *Tiefbauarbeiten im Bett der Limmat nach Abbruch eines Hauses am Oberen Mühlesteg. Aufnahme 1891.*

368 *Das Rösslitram, offiziell «Züricher Strassenbahn» geheissen, am Sonnenquai, dem heutigen oberen Limmatquai. Blick auf die 1875 fertiggestellten Häuser des «Zentralhofs», davor (mit Brandmauer) das neue Städtische Verwaltungsgebäude, das später zum heutigen Stadthaus erweitert wurde. In der Limmat, am linken Bildrand, die Badeanstalt Bauschänzli, dahinter die aufragenden Gerüststangen zum Bau des «Metropols». Die 1884 errichtete Wetterstation, links im Vordergrund, war eine von Zürichs Sehenswürdigkeiten. Aufnahme 1892.*

Mit Dampf- und Pferdekraft

Die verschiedenartigsten Verkehrsmittel prägen das Stadtbild der Jahrhundertwende: Limmatschiffe und Salondampfer, Fuhrwerke und Postkutschen, Strassen-, Berg- und Eisenbahnen. 1835 war das erste Dampfschiff auf dem See gefahren, neunzig Jahre später stellte die letzte Postkutsche ihren Kurs ein. Zürich war mobil und modern geworden. Kennzeichen des neuen Denkens war der Bau der Bahnhofstrasse, die den Eisenbahn- mit dem Schiffsverkehr verbinden sollte. Ein erstes, 1864 eingereichtes Konzessionsgesuch für eine Strassenbahn vom Bahnhof zum See wurde allerdings abgelehnt. Aber schon zwanzig Jahre später verkehrten 30 Tramwagen in der Stadt. Im September 1882 hatte die «Züricher Strassenbahn» ihren Betrieb aufgenommen. Mit der Eröffnung der Gotthardbahn im gleichen Jahr war «Limmat-Athen» zum ostschweizerischen Verkehrsknotenpunkt geworden. Das Ereignis wurde mit der Landesausstellung 1883 gefeiert; die Strassenbahngesellschaft registrierte 3,4 Millionen Fahrgäste.

371 *Bis im Mai 1925 konnte sich die letzte Pferdepost halten, dann wurde auch die Kutsche nach Maur durch einen Postautokurs ersetzt. Aufnahme an der Ecke Fraumünsterstrasse/Kappelergasse.*

372 *Schon 40 Jahre alt ist hier die «Lukmanier» der «Züricher Dampfbootgesellschaft». 1865 wurde sie gekauft, um einem in Horgen gegründeten Konkurrenzunternehmen die Stirne zu bieten.*

373 *Die letzte Rösslitramfahrt auf der Strecke Bahnhof–Hornbach am 5. August 1900. Vor der Wirtschaft Friedensburg beim Tiefenbrunnen wird dem Fahrpersonal ein Abschiedstrunk kredenzt.*

374 *Ausfahrt des Gotthardzuges um 1900 aus dem Züricher Bahnhof. Links das 1898 eröffnete Landesmuseum, rechts die Bahnhofhalle. Von der Gessnerallee führte eine Passerelle über die Geleise, von der aus die Züricher Knaben den Rauch der Züge einatmeten, bis sie «betrunken» waren.*

375 Rösslitram auf der Fahrt über die eingeleisige Münsterbrücke. Aufnahme um 1898. Der Wagen Nr. 13 stammte aus der ersten Serie des für die «Zürcher Strassenbahn» gebauten Rollmaterials. 1896 wurde die Gesellschaft von der Stadt übernommen. Die «Städtische Strassenbahn» war der erste kommunale Verkehrsbetrieb Europas. Hauptgegner des Tramkaufs war der Arbeiterführer Robert Seidel: «Dieser Handel bringt dem Volk Steine, den Kapitalisten aber Braten und Champagner.»

376 Die Dampflokomotive «Rigi», 1864 von der Maschinenfabrik Esslingen erbaut, um 1865 auf dem Zürcher Vorbahnhof.

«Und neues Leben blüht aus den Ruinen ...»

Als Trostspruch und gelegentliche Entschuldigung gehörte Schillers Zitat vom neuen Leben, das aus den Ruinen blühen wird, zum eisernen Bestand der Zürcher Lokalberichterstatter. Denn Abbruch, Umbruch und Aufbruch in eine neue Zeit erfolgten nicht immer freiwillig.

Das einstige Klostergebäude im Predigerquartier, nach den Predigermönchen benannt, die hier um 1230 ein Kloster und eine Kirche erbaut hatten, brannte am 25. Juni 1887 «radikal» ab. Schon in der Reformation war das Kloster aufgehoben und das Gebäude zum benachbarten «Spital zum Heiligen Geist» geschlagen worden. Doch Kranke kamen bei dem Brand nicht zu Schaden, sie waren bereits im Sommer 1867 in die neue Heilanstalt Rheinau gebracht worden: «Transport um Transport ging zu Fuss und in Wagen durchs Niederdorf nach dem Bahnhof. Die Niederdörfler winkten den Scheidenden mit Tüchern und riefen ihnen Lebewohl nach. Diesen selbst kam es vor, als müssten sie nach Sibirien. Nur die Irren blieben zurück und warteten auf die Vollendung der Anstalt Burghölzli, die bereits unter Dach war.» Nach dem Brand blieb die Spitalwiese jahrzehntelang ungenützt, bis die Stimmbürger 1914 den Bau der Zentralbibliothek beschlossen. Den Ausschlag gab eine Spende des damals reichsten Zürchers, Prof. Dr. Adolf Tobler, in der Höhe von 730 000 Franken. Das Actientheater an den Unteren Zäunen, an dem noch Richard Wagner gewirkt hatte, fiel in der Neujahrsnacht 1890 einer Feuersbrunst zum Opfer. Schon drei Jahre vorher hatte Jean Nötzli, Gründer und Redaktor des «Nebelspalters», geschrieben, das Theater in der ehemaligen Barfüsserkirche entspreche modernen Ansprüchen nicht mehr, und der Ruf nach einer Neuschöpfung werde immer lauter. Durch den Brand wurde die Diskussion um eine Renovation gegenstandslos. Gleich nach der Unglücksnacht traten die Aktionäre zusammen, und schon nach 21 Monaten konnte das neue Stadttheater am Dufourplatz eröffnet werden.

Die alte Tonhalle auf dem heutigen Sechseläutenplatz, 1839 als Kornhaus erbaut, wurde nach ihrem späteren Dasein als Fechtboden, Dienstmänneranstalt, Schreinerwerkstätte, Holzlager und Trödlerbude auf das Eidgenössische Musikfest 1867 hin in eine Symphoniehalle mit 1400 Sitzplätzen umfunktioniert. Zu den beliebten Abonnementskonzerten erschienen die Damen in grosser Toilette, die Herren im Frack. Besonders vornehme Weiblichkeit liess sich in der Sänfte zur Tonhalle tragen. Diese Idylle dauerte bis in die neunziger Jahre. Zur politischen Szene wurde der Musentempel beim «Tonhallekrawall». Im Deutsch-Französischen Krieg 1870/71 hatte sich die Armee des französischen Generals Bourbaki unter elenden Verhältnissen in die Schweiz zurückgezogen. Eine grössere Gruppe französischer Offiziere war in der Tonhalle einquartiert worden. Die deutsche Kolonie wusste nichts Gescheiteres, als wenige Wochen später, im März 1871, in der Tonhalle eine grosse Siegesfeier durchzuführen. Für den entstehenden Krawall, bei dem alles kurz und klein geschlagen wurde, waren nicht nur die internierten Franzosen, sondern vielmehr Zürcher verantwortlich, die gegen das neue Kaiserreich im Norden etwas einzuwenden hatten. Einer der «Jubeldeutschen», der tonangebende Grosskaufmann Otto Wesendonck, musste sich vor der erregten Volksmenge von seiner Villa auf dem «Grünen Hügel» mit den Kindern in einem Boot über den See ins «Baur au Lac» retten. Im Sommer 1896 fiel die alte Tonhalle der Spitzhacke zum Opfer, nachdem die neue schon im vergangenen Herbst eingeweiht worden war. Wesendonck, einst Zürichs grosser Musikförderer, hatte Zürich nach dem Tonhallekrawall verlassen.

377 Abbruch der alten Tonhalle im Sommer 1896.

378 Brand des «Actientheaters» an den Unteren Zäunen am 1. Januar 1890.

379 Brand des Predigerklosters am 25. Juni 1887.

Freuden- und Trauertage

380 Festakt zur Eröffnung der Universität am 18. April 1914. «Den Lichthof des Kollegiengebäudes füllte eine Versammlung, die in ihrer Zusammensetzung einen einzigartigen Anblick bot. In das feierliche Schwarz der Honoratioren von Bund, Kanton und Stadt mischten sich die reichen Ornate der mit goldenen Amtsketten behangenen und zum Teil mit Orden geschmückten Delegationen auswärtiger Universitäten, die Uniformen hoher schweizerischer Offiziere, der farbenfrohe Wichs der studentischen Chargen. Die wundervolle Halle des Lichthofes trug diskret grünen Schmuck, und aus den Öffnungen der obersten Galerie hingen die Banner der Studentenverbindungen.»

381 *Glockenaufzug der Augustinerkirche im November 1900. Nach der Reformation durften die Katholiken in Zürich weder Gottesdienste halten noch ins Bürgerrecht aufgenommen werden. Erst die Anwesenheit fremder Heere führte 1799 dazu, dass im Fraumünster von einem russischen Popen wieder Messen gelesen wurden. 1807 wurde den Katholischen der regelmässige Gottesdienst in der Abdankungskapelle St. Anna erlaubt und ihnen 1844 die Augustinerkirche zur Verfügung gestellt. Als der Papst im Juli 1870 jedoch die Lehre von seiner Unfehlbarkeit verkündete, wurde diese im Juni 1873 von der katholischen Gemeindeversammlung abgelehnt. So kam es zu einer Spaltung. Die Augustinerkirche wurde darauf der dem altkatholischen Glauben treu gebliebenen Mehrheit zugesprochen. Doch die Römisch-Katholischen sammelten sich wieder und bezogen schon im folgenden Sommer ihre neue Kirche St. Peter und Paul in Aussersihl. Der Wunsch der Altkatholiken, auf ihrem Gotteshaus ein Geläute anzubringen, blieb ihnen jedoch aus grundsätzlichen Gründen durch einen Regierungsratsbeschluss lange verwehrt. Beharrlichkeit führte schliesslich doch zum Ziel. «Nun hat auch die christkatholische Gemeinde ihrem Gotteshaus, der ehemaligen Klosterkirche Augustiner, einen Turm aufgesetzt, der, soviel man durch das Gerüst hindurch sehen kann, sich recht hübsch ausnehmen wird», schrieb die «Zürcher Wochen-Chronik» am 1. Dezember 1900. «Letzten Mittwoch wurden die fünf neuen Glocken in den Turm gebracht, unter Beisein der Gemeinde und vieler Schaulustiger.» Das Geläute kam aus der Glockengiesserei Rüetschi, Aarau. «Es ist im Ton dem mächtigen Geläute des benachbarten Petersturms angepasst. Wir sind begierig zu hören, wie die beiden Geläute sich vertragen werden. Es dürften die Glocken im kleinen Augustiner-Dachreiter vermutlich von den Petrinischen gewaltig übertönt werden. So ist da recht sinnreich, was auf einer der christkatholischen Glocken geschrieben steht: ‹Höre Gott, mein Flehen, merke auf mein Gebet.›»*

382 *Besammlung des Trauerzuges am Zeltweg, wo der Dichter Gottfried Keller am 15. Juli 1890 starb. «Die Stadt Zürich bereitete ihrem grossen Mitbürger ein prunkvolles Begräbnis. Das ganze Schweizervolk in den Vertretern seiner höchsten Behörden schritt im Zuge, eine ungeheure Menschenmenge bedeckte die grünen Hänge der Rämistrasse, in die der Kondukt vom Zeltweg her einbog. In der dicht gefüllten Fraumünsterkirche wurde die mit dem Trauermarsch aus der ‹Eroica› eingeleitete Abdankung gehalten.» Vier Tage später wäre der Dichter einundsiebzig geworden.*

383 *Der Neumarkt im Schmuck zum Eidgenössischen Sängerfest 1905. An den Eingängen in die alte Stadt waren Türme und Blumentore errichtet worden.*

384 *Bau des neuen Stadthauses im Jahre 1899. Der nach der Eingemeindung von 1893 nötiggewordene Erweiterungsbau zum 1885 eröffneten Verwaltungsgebäude, Ecke Fraumünsterstrasse/Kappelergasse, wurde 1898 bis 1900 nach Plänen des Stadtbaumeisters Gull erstellt. «Dem überzeugend gelungenen Gebäude hatten die Bauten des ehemaligen Fraumünsteramtes, Schulzimmer, altes Staatsarchiv, Musiksaal usw. Platz zu machen. Das Zürcher neue Stadthaus, das zwischen der Post mit ihrem hohen Turm und der Fraumünsterkirche voll zur Geltung kommt, ist aussen und innen ein Schmuck und eine Zier», schrieb die damals vielgelesene «Zürcher Post». Für die Schleifung der teils mittelalterlichen Bauten mussten laut Stadtratsbericht «2265 Arbeitstage beansprucht werden». Am 1. September 1898 konnte mit dem Aushub begonnen werden; in der erstaunlich kurzen Zeit von einem Jahr – so hofften die Optimisten – sollte der Rohbau fertig sein. Doch im Juni und Juli 1899 streikten die Steinhauer, und die Schlusssteinlegung des Giebels musste auf den 29. November verschoben werden. Dass auch während des Streiks die Arbeiten am Stadthaus weitergingen, beweist unser Bild vom 7. Juli 1899. Über 120 Maurer haben sich damals der Kamera gestellt. Dass dieser Grossaufmarsch keine Ausnahme war, beweist die Baustatistik: 1899 waren täglich durchschnittlich 122 Arbeiter auf dem Platz, am 26. April des folgenden Jahres wurde mit 263 Arbeitern der Höhepunkt erreicht. Auf Weihnachten 1900 konnte das neue Stadthaus bezogen werden. «Im Interesse möglichster Sparsamkeit» war auf jeglichen neumodischen Schnickschnack verzichtet worden. Der hydraulische Lift musste mit einem Seilzug in Bewegung gesetzt werden; auf seiner Etage hatte nur der Stadtpräsident ein Telefon. Und als 1907 vom Statistischen Amt die erste Additionsmaschine angeschafft wurde, durfte diese teure Apparatur nur im äussersten Notfall gebraucht werden.*

Zürich macht sich um das Vaterland verdient

Am 29. Februar 1880 – es war der so selten eintretende fünfte Sonntag des Schaltmonats – verkündete gegen Mittag Kanonendonner von der Höhe der Polytechnikums herab, dass der Gotthard durchstochen sei. «Tausende von Spaziergängern blickten an jenem sonnigen Sonntagnachmittag südwärts zum schneeglänzenden Kranz der Berge, und jede Unterhaltung bewegte sich um das inhaltsschwere Ereignis und seine Folgen. In einem kleinen Kreis von Freunden taucht an jenem Abend der Gedanke auf, die nun in greifbarer Nähe stehende Eröffnung der Gotthardbahn durch eine schweizerische Landesausstellung zu feiern, und aus der angeregten Diskussion ging die Idee siegreich hervor.»
Trotz aller Hindernisse und Schwierigkeiten wurde die Ausstellung auf dem Platzspitz, die «alle Erzeugnisse der

Industrie, der Gewerbe, des Kunstgewerbes, der bildenden Künste und der Landwirtschaft der ganzen Schweiz vereinigte sowie das Unterrichtswesen zur Darstellung brachte», mit Diplomatenfrühstück, Festreden, Kanonendonner und Platzregen am 1. Mai 1883 programmgemäss eröffnet. Die Landesausstellung von Zürich, die erste, die sich diesen Titel zulegte, zeigte mit aller Deutlichkeit, dass die Schweiz im Begriff war, sich von einem Agrar- zu einem Industriestaat zu entwickeln. «Wie wird der überrascht sein, welcher sich die Schweiz noch immer als ein Volk von Sennen und Hirten, mit dem Alphorn als Symbol, vorstellt...» berichtete der Berner «Bund». Nicht nur die Erwartungen der Besucher, auch die der Veranstalter wurden weit übertroffen. Das Lob war ein einmütiges und der Ausstellungsbesuch ein kolossaler. 600 000 Eintritte wurden erwartet, 1 759 540 gezählt. Gottfried Keller und C. F. Meyer hatten zur Eröffnung die üblichen Weihegedichte geschrieben und dafür Dauerkarten erhalten. Als am 2. Oktober, dem letzten Ausstellungstag, Herr Bundesrat Numa Droz im Namen des ganzen Schweizervolkes erklärte, Zürich habe sich um das Vaterland verdient gemacht, «da schämten sich die wackeren Initianten, die allen auftauchenden Schwierigkeiten unerschrocken ins Auge geblickt hatten, der Tränen nicht, die sich unter ihren Wimpern hervordrängten».
Der so erfolgreiche Unternehmungsgeist sollte noch weitere Folgen haben: Nach lebhaftem Konkurrenzkampf mit Bern und Luzern wurde Zürich am 18. Juni 1891 von der Bundesversammlung zum Sitz des Landesmuseums bestimmt. Die Idee eines Nationalmuseums hatte der Zürcher Nationalrat Salomon Vögelin in Bern lanciert. Dort wo einst die Landesausstellung stand, wurde der von Stadtbaumeister Gull entworfene «erzhistorisierende Baukomplex als scheinbar organisch gewachsenes Schloss mit Flügeln, Tortum und Hauskapelle» vom 24. bis 27. Juni 1898 grossartig eröffnet. «Das Fest gehörte zu den freudenreichsten und glänzendsten, die Zürich im vergangenen Jahrhundert gesehen. Der ganze Bundesrat, die Bundesversammlung, das Bundesgericht und das Diplomatische Korps von Bern traf in einem Extrazug ein, dessen Lokomotive an der Stirnseite das eidgenössische Wappen trug. Die Bundesräte hatten ihre Frauen und Töchter mitgebracht, was der Feier von vorneherein einen mehr familiären Charakter verlieh.»
Doch der ganze Pomp täuschte nicht über den grössten schweizerischen Kunstskandal hinweg. Der Landesmuseumsdirektor Heinrich Angst hatte die von der Schweizerischen Kunstkommission prämiierten Entwürfe zu Hodlers Fresken für den Waffensaal, «Der Rückzug von Marignano», abgelehnt. Unterstützt vom Lehrerverein und einer aufgebrachten Öffentlichkeit, erklärte Angst die Kunstkommission als ihrer Aufgabe nicht gewachsen und Hodlers Arbeit als «eine anerkannt mangelhafte Leistung». Von Grausamkeit und Roheit des Ausdrucks, von Vernachlässigung der historischen Exaktheit in der Bekleidung und stümperhaften Kleckserei war die Rede, worauf das Publikum von einem Kommissionsmitglied als schwachköpfig bezeichnet wurde. Erst eine Resolution der Zürcher Kunstgesellschaft zugunsten Hodlers rettete die Situation. Die Marignano-Fresken im Landesmuseum gelten in ihrer ergreifenden Menschlichkeit heute als Höhepunkt der schweizerischen Historienmalerei.

385 Landesausstellung 1883. Das Hauptportal bestand aus Säulen, Transparenten, einem Chalet und zwei bombastischen Turmfassaden.

386 Der Forstpavillon auf dem Platzspitz, eine phantastische Zusammenstellung verschiedener Gebäudeteile und Baustile mit einem viereckigen Hauptturm, war einer der Glanzpunkte der Ausstellung.

387 Eröffnung des Landesmuseums 1898, Hauptfeiertag am 25. Juni. «Der Festakt fand im blumen- und flaggengeschmückten Hof des Museums statt. Zu beiden Seiten der Rednertribüne dräuten die Schlünde riesiger Kanonen. Die Zünfte mit ihren Bannern füllten den Hof. ‹Männerchor› und ‹Harmonie› sangen zum Beginn: ‹Die Himmel rühmen des Ewigen Ehre›.»

Kunst und Tradition

388 1895 plante der preussische Seidenhändler, Kommerzienrat und Hoflieferant Gustav Henneberg (1847–1918), der sich um 1872 in Zürich niedergelassen hatte, eine nach Plänen Böcklins zu erbauende Galerie für zeitgenössische Kunst. Ein löbliches Unterfangen. Aber Henneberg war ein «selbstgemachter Mann», der sich zwar gerne von Künstlern umgeben sah, aber alles besser wusste. So kam es mit Böcklin immer wieder zu harten Auseinandersetzungen, wobei dieser einmal erklärte, Henneberg möge doch nach Berlin gehen und sich dort bei irgendeiner königlich-preussischen Baufabrik die Galerie bestellen, dann übertreffe diese sicher alle ihresgleichen an protzenhafter Geschmacklosigkeit und entspräche somit ganz seinen Wünschen. Im Herbst 1896 wurde auf dem grossen Grundstück zwischen dem Roten und dem Weissen Schloss am damaligen Alpenquai mit dem Bau begonnen. Architekt war Emil Schmid-Kerez. Der recht stilvolle Neorenaissance-Palast war 1898 so weit gediehen, dass die Gemälde eingeräumt werden konnten. Bilder von Menzel, Böcklin, Lenbach, Feuerbach, Koller und Hodler waren dabei, aber auch einige Schwarten von vergänglicher Grösse. Der Hauptschmuck des Hauses, ein zwanzig Meter langes und zwei Meter hohes Marmorrelief, wurde nach längeren Diskussionen dem Bildhauer Adolf Meyer (auf unserem Bild im Strohhut) in Auftrag gegeben und im

September 1900 enthüllt. «Bacchantenfestzug» hiess es und zeigte so «unziemlich viel Unverhülltes», dass der hiesige Sittlichkeitsverein dagegen räsonierte und damit eine wahre Völkerwanderung von «Kunstinteressierten» an das Alpenquai lockte.
Nach Hennebergs Tod wurde die Sammlung versteigert, das Palais ging in den Besitz des Gesandtschaftsattachés Beck über. 1928 erwarb es eine Restaurateurswitwe und richtete darin den Kursaal ein. Später baute es die Genossenschaft Migros «im Sinne des sozialen Kapitals» zum Klubschulzentrum um. Doch im Frühling 1969 kamen die Bulldozers. Heute steht dort ein Bürohaus – nicht zur allgemeinen Begeisterung.

389 *Vorbereitungen zum Sechseläuten 1898. War der Böögg bis in die achtziger Jahre beim alten Stadthaus im «Kratz» verbrannt worden, zwang die Überbauung des Kratzviertels 1886 zur Verlegung des Feuers. Einmal errichtete man den Holzstoss auf dem Maneggplatz, dem heutigen Basteiplatz im Gebiet der ehemaligen Schanzen, dann bis zum Jahre 1903 auf dem Bürkliplatz. 1904 wurde der Alte Tonhalleplatz vom Stadtrat mit Betonung des Wortes «provisorisch» erstmals für das Sechseläutenfeuer freigegeben.*

390 *Einweihung des Zwinglidenkmals vor der Wasserkirche am 25. August 1885. Stadtpräsident Römer an der Balustrade nimmt in seiner Ansprache soeben das Denkmal in die Obhut der Stadt, nachdem Antistes Finsler die Weiherede gehalten und dem Bildhauer Heinrich Natter für das Kunstwerk gedankt hat. Alle geladenen Gäste waren Männer. Im Hintergrund Weidlinge mit zuschauendem Volk vor der Kulisse der alten Kratzhäuser. Rechts die Giebelfront des Kaufhauses.*

Turner kontra Sportler

Pfarrer Friedrich Meili (1852–1904) in Wiedikon war nicht nur ein eifriger Theologe, schon als Student amtierte er als Turnlehrer der Kantonsschule. Als erster Pfarrer fuhr er mit dem Zweirad über Land, und als man für das Eidgenössische Turnfest 1903 einen Festspielautor suchte, war man bei ihm an der rechten Adresse. Er war es auch, der um 1885 vor dem Stadtzürcherischen Turnverband «in klarer und überzeugender Weise nachwies, dass trotz der Ausbreitung des Sportes aller Art nur einzig und allein die Leibesübungen imstande sind, den Körper allseitig so auszubilden, dass ein so gebildeter Mann fähig ist, überall im praktischen Leben seinen Mann zu stellen».
Schon 1884 hatte der Bicycle-Club auf der Bahnhofstrasse ein Radrennen veranstaltet und zwei Jahre darauf ein Bundesfest organisiert, «bei dem Korso, Frühschoppen und Bankett offensichtlich eine nicht unwesentliche Rolle spielten». Als zwanzig Jahre später die ersten «Autler» vom «Automobilsport» zu reden begannen, sahen sich die Turner in ihrem Vorurteil bestätigt: «Ohne Schweiss kein Preis!» hiess es bei vielen, «die ganze Leistung eines Autofahrers liegt in seinem Portemonnaie.»

391 *In Ermangelung einer Velorennbahn war das grosse Rondell beim Bahnhof Enge, dort wo heute die Schweizerische Rentenanstalt steht, eine der beliebtesten Rennstrecken. Noch im Frühling 1882 mühten sich die Pedaleure auf diesem «amtlich gemessenen», 660 m langen Rundweg ab, der natürlich keine erhöhten Kurven besass.*

392 *Im Herbst 1891 beschloss der Velo-Club der Stadt Zürich den Bau eines «Vélodromes» zwischen der Badener- und der Albisriederstrasse. Am 28. August 1892 wurde die Rennbahn Hardau mit einem Monsterprogramm eröffnet. Die ausländischen Fahrer wurden durch Stadtrat Koller begrüsst, der Präsident des Schweizerischen Velocipedisten-Bundes feierte die Initianten als Pioniere des Radsportes. Doch die Publikumsbegeisterung war nicht von Dauer; im November 1905 musste der Rennbetrieb eingestellt werden. Mehr Glück hatte die 1912 eröffnete Rennbahn Oerlikon.*

393 *Im schneereichen Winter 1902 erklomm der Autopionier Nabholz jun. mit dem «Martini» seines Vaters und einem Mechaniker als erster den Uto-Kulm.*

394 *Automobilsportliche Veranstaltungen lockten als Zuschauer vor allem Automobilisten an. Die Turner blieben ostentativ fern.*

395 *Ein Rest alter Zürcher Romantik umschwebte das familiäre Knabenschiessen, das bis zur Eingemeindung 1893 im Sihlhölzli durchgeführt wurde. Am Sonntagvormittag hatten die zuschauenden Mädchen zum Trost in verschiedenen Jahrmarktbuden freien Eintritt.*

396 *Eidgenössisches Turnfest 1903 in Zürich mit einer Beteiligung von 6000 Mann in 334 Sektionen.*

Pflege des Schönen und der Geselligkeit

397 *Am Eidgenössischen Sängerfest 1905. Gegen den Willen des Stadtpräsidenten Hans Pestalozzi fanden in Zürich zu Beginn unseres Jahrhunderts drei eidgenössische Feste statt: 1903 das Turn-, 1905 das Sänger- und 1907 das Schützenfest. Besonders die musikalische Muse hatte es den Zürchern angetan. «Schon 1858 bauten unsere Vorfahren eine Eidgenössische Sängerfesthütte mit Plätzen für 4000 Personen, und sie waren jede Nacht voll», meinte David Bürkli in seinem «Züricher Kalender». «1880 gaben sich die Schweizer Sänger wieder ein Rendez-vous an der Lim-*

mat, und nach weiteren 25 Jahren waren sie wieder da und hochwillkommen.»

Es ging hoch her über die Feiertage vom 14. bis 18. Juli 1905. Die Herren Kanzlisten hatten sogar einen Halbfeiertag bei vollem Salär. «Gesungen wurde unheimlich viel; in der Hütte von früh bis abends, vor der Hütte von abends bis früh. Der hinterste Polizist musste musikalisch werden; für die Hunde war es eine Erlösung, wenn der Morgen graute und der letzte Bariton in seinem Quartier untergebracht war.»

Es sollen etwa 8000 aktive und 4000 passive Sänger dagewesen sein. Der Einzug der Gäste zum «Sängerkrieg» erfolgte – wie unser Bild zeigt – am Stadttheater vorbei zur turmbewehrten Festhalle, die sich auf dem Alten Tonhalleplatz erhob. «Die diversen Konzerte und die Festzüge gelangen vorzüglich, auch ohne dass die Winterthurer, wie früher mit Palmenblättern bewaffnet, in den Reihen schritten. Dem Festwein, Ehrenwein und anderen Spirituosen wurde alle Ehre angetan. Auch Frau Helvetia hatte unheimlich viel zu tun, bis sie alle die Lorbeer- und Eichenkränze an die Fahnenspitzen gebunden, denn 125 Vereine sangen, und jeder musste selbstverständlich etwas heimbringen. Zürich ist dabei definitiv Grossstadt geworden: es besitzt jetzt wie im Reich draussen ‹Polizisten zu Pferd›; sie erregten Sensation und hinderten den Verkehr, so dass die Kollegen zu Fuss noch mehr Arbeit hatten. Nun ist das Fest glücklich vorüber, und schon sind spekulative Köpfe daran, ein neues eidgenössisches Fest mit allem Raffinement auszuknobeln. Nach dem Satz: Wo's uns wohl ist, lasst uns Hütten bauen! Die alte geht inzwischen den Weg alles – Holzes.»

398 *Nautisches Fest des Limmatklubs am 26. August 1906. «Eine geräumige Tribüne war auf dem Bauschänzli errichtet worden, auf der sich's wohl sitzen liess», meldete der Berichterstatter, «doch das Programm wollte kein Ende nehmen; viermal Pantomimen, dreimal Schifferstechen, zweimal Aalspringen und zweimal Stangenlaufen war zuviel für einen so schön gewordenen Sonntag, der zum Wandern einlud.»*

399 *Festlicher Frühschoppen des Studentengesangvereins; Aktive und «Alte Häuser», im Sommer 1905 vor ihrem Stammlokal, der «Bollerei», am Limmatquai. Der Kommers galt dem Eidgenössischen Sängerfest in Zürich und dem 50-Jahr-Jubiläum des Polytechnikums, die Ende Juli 1905 zusammenfielen.*

Fliegen – die dritte Dimension

Der Verkehr stockte, alles blickte nach oben und winkte begeistert, als am 1. Juli 1908 erstmals ein Luftschiff über Zürich flog. Die mit Wasserstoff gefüllte Zigarre galt als Vorbote einer neuen Zeit. Pilot war sein Erfinder Graf Ferdinand Zeppelin. Schon im Jahre vorher hatte Eduard Spelterini, der eigentlich Eduard Schweizer hiess und aus Bazenheid stammte, die Stadt Zürich aus der Ballongondel photographiert. Mächtigen Auftrieb erhielt der Fliegereigedanke durch das Gordon-Bennett-Ballonwettfliegen 1909 in Schlieren. Zum 70jährigen Bestehen seiner Zeitung «New York Herald» hatte James Gordon Bennett 1905 einen jährlichen Preis für Kugelballons gestiftet. Nach einem im gleichen Jahr erfolgten Wettfliegen mit Apparaten «schwerer als Luft» wurde 1910 im Hotel Gotthard die Schweizerische Flugplatzgesellschaft in Zürich gegründet. Sie errichtete im Glattal zwischen Dübendorf und Wangen das Zürcher Aerodrom.

400 *Eindecker mit Oerlikon-Motor der Fliegerpioniere Kunkler und Rossier, mit dem der Pilot Ernst Rech am 3. Mai 1913 in Dübendorf tödlich verunglückte.*

401 *Zum ersten richtigen Schaufliegen einiger Apparate «schwerer als Luft» kam es an den Zürcher Flugwochen im Oktober 1910 auf dem Aerodrom Dübendorf. Held des Tages war der französische Aviatiker Gérard Legagneux. Er gewann mit einer Blériot den ausgesetzten Preis von 1000 Franken für einen Langstreckenflug nach Uster und zurück.*

402 *Unterer Limmatraum 1904. Luftaufnahme des Ballonpioniers Eduard Spelterini.*

403 *«Eine internationale sportliche Veranstaltung grössten Stils» war das vom 1. bis 3. Oktober 1909 durchgeführte Gordon-Bennett-Wettfliegen, an dem mehr als zwei Dutzend Freiballone teilnahmen. Ein mit Spannung erwartetes Gastspiel am Gordon-Bennett-Wettfliegen gab der Deutsche Prof. Dr. Ing. e.h. Dr. phil. h.c. August von Parseval, Major a.D., mit seinem Luftschiff PL 1. Die Gondel war nicht am Rumpf, sondern ziemlich tief unten aufgehängt. Dazwischen befand sich der Propeller, der aus mit Drahtseilen armiertem, gefirnisstem Stoff bestand, so dass die Blätter bei stillstehendem Motor schlaff herunterhingen und sich erst durch die Zentrifugalkraft der Rotation versteiften. Aufnahme am 3. Oktober 1909 in Schlieren. Bei den vier Fahrten des Luftschiffs über Zürich waren Bundesrat Forrer, Generalstabschef Oberst Sprecher und der Zürcher Regierungsrat Dr. Haab an Bord.*

404 *Am 1. Juli 1908 flog erstmals ein Luftschiff über Zürich. Die «Zigarre» war mit Wasserstoff gefüllt und verbrannte kurz darauf in Echterdingen bei Stuttgart. In Zürich war die Begeisterung gross. Im Stadthaus war die ganze Verwaltung auf die Zinne gestiegen, was ein Unbekannter benutzte, um in verschiedenen Büros Geld und Briefmarken zu stehlen.*

405 Am Startplatz des Gordon-Bennett-Ballonfliegens 1909 in Schlieren. Das Wettfliegen fand in Zürich statt, weil im Vorjahr in Berlin der Schweizer Oberst Th. Schaeck den 1. Preis gewonnen hatte.

«Seegfrörni!»

Um 1855 lösten die ersten Schlittschuhe mit Stahlkufen amerikanischer Herkunft auf dem Zürichsee die Holzkonstruktionen ab. Beliebtester Treffpunkt der eislaufbegeisterten Zürcher waren während Jahrzehnten die gefrorenen Uferpartien des Zürichsees, wo sich heute Utoquai und Seefeldpromenade hinziehen. Gewaltig war die Begeisterung, wenn die Winterkälte wieder einmal zu einer «Seegfrörni» reichte. Am ersten Februarsonntag 1880 «trieben sich 60–80 000 Menschen auf dem See herum. Etwa 60 Wirtschaften waren errichtet worden, und es entwickelte sich ein Leben und Treiben wie bei einem Volksfest.» Die Züge von Basel, Aarau und Winterthur brachten Scharen von Besuchern, und selbst von Frankfurt kamen einige «bewährte Schlittschuh-Virtuosen». Die Hauptregie führte der Seeclub Zürich, der «mit einer Schlittschuhpolonaise bei brillantem Feuerwerk den Vogel abschoss». Die Trübsche Buchhandlung gab eine «Zürichsee-Eiszeitung» heraus, deren erste Nummer es auf fünf Auflagen brachte. Die zweite sollte auf dem riesigen Eisfeld gedruckt werden, aber ein Föhneinbruch vereitelte den Plan.

Nicht weniger turbulent ging es bei der «Seegfrörni 1891» zu. Coiffeure, Hut- und Handschuhverkäufer hatten auf dem Eis ihre Stände errichtet und als weithin sichtbares Zeichen einen Fahnenmast aufgerichtet. Dazu gab es Schlittenpartien und Eisfeste mit Kunstfahrern, Geschicklichkeitsläufen und humoristische Einlagen.

406 In Jahren, in denen der See nicht zufror, mussten sich die Zürcher mit dem «städtischen Eisplatz» auf dem alten Tonhalleareal begnügen. Im Februar 1914 geknipst, wurde das Bild in der Presse gewissermassen als Mahnfinger veröffentlicht, denn auf dem See begann sich eine trügerische «Seegfrörni» abzuzeichnen. Fünf Schlittschuhfahrer waren bereits eingebrochen und ertrunken, fünfzehn weitere konnten gerettet werden. Wenige Tage darauf konnte der festgefrorene Schraubendampfer «Taube» das Eis wieder aufbrechen. In den folgenden, recht warmen Wintern fiel der städtische Eisplatz ins Wasser.

407/408 Seegfrörni 1891.

409 Aufnahme Ende Januar 1891. Rechts im Hintergrund ist eben das Stadttheater im Bau.

Wenig Platz für Badefreuden

Die von Enge, Riesbach und Zürich in den 1870er Jahren geplanten gemeinsamen Quaianlagen machten ein Versetzen der bisherigen, recht einfachen Badehütten beim alten Stadthaus nötig. Die Suche nach einem neuen Standort der beiden natürlich getrennten Badeplätze dauerte über ein Jahrzehnt, denn die Dampfbootgesellschaft verlangte geeignete Schiffsanlegestellen, und das Publikum wollte sich die versprochene schöne Aussicht von der Quaipromenade nicht schmälern lassen. Die rettende Idee war eine «schwimmende Konstruktion», die sich beliebig verschieben liess. Im September 1874 schrieb der Stadtrat nach Triest und Venedig, wo solche Badanstalten beobachtet worden waren. Im Februar trafen Plankopien aus Triest ein; doch erst 1883 wurden die Aufträge erteilt. Schon am 16. Juli des gleichen Jahres wurde die «Schwimmende» den Männern zur Benützung freigegeben. Sie war draussen im See vor dem Garten des «Baur au Lac» provisorisch verankert. Hin- und Rückfahrt besorgte Schiffsvermieter Treichler auf Kosten der Stadt. Mehrmals musste die neue Badanstalt in der Folge ihren Standplatz ändern. Schliesslich landete sie am Bürkliplatz, wo sie in einem Föhnsturm im Frühling 1964 «auf Grund ging» und abgebrochen werden musste. Die alte, recht bescheidene Frauenbadanstalt wurde 1883 mit Schwimmern versehen und unterhalb des Bauschänzlis verankert. 1888 wurde sie durch eine neue ersetzt und zwei Jahre später am Unteren Mühlesteg eine weitere eröffnet. Die Seegemeinden besassen eigene Badanstalten, die nach den Quaibauten teilweise ersetzt werden mussten.

410 Harte Männer am 9. November 1895 in der «schwimmenden» Badanstalt Bürkliplatz.

411 Bademode um 1900 in der Frauenbadanstalt Belvoir in der Enge, erbaut 1886.

Die ersten Automobile wirbeln Staub auf

Die erste Bekanntschaft mit dem Auto machten viele Zürcher am 27. Juni 1902: das Automobilrennen Paris–Wien raste durch die Stadt, von der Badenerstrasse zum Alpenquai, die Rämistrasse hinaus nach Schwamendingen und Winterthur in Richtung Bregenz. «Die ganze Route wird durch orangefarbene Affichen markiert, blaue Fahnen zeigen Hindernisse an, so dass die Einwohnerschaft sich behufs Vermeidung von Unglücksfällen darnach richten kann. In den Städten beträgt die Geschwindigkeit der Fahrzeuge 12 Stundenkilometer.» 120–150 Autos wurden gezählt. Die Mehrzahl war «von nicht sehr hoher Bauart, durchwegs dagegen von ansehnlicher Länge und schwer mit Requisiten aller Art beladen».

Die «Wochen-Chronik der Stadt Zürich» entschuldigte sich bei ihren Lesern, dass es ihrem Photographen nicht gelang, «Aufnahmen von Automobilen, die im Lauf sich befinden, zu machen. Was wäre dabei herausgekommen? Eine Staubwolke und die Andeutung unheimlicher Fratzen, das wäre alles gewesen, und das wollen wir gerne entbehren. Es wird lange währen, bis man sich an den Anblick der neuen Fahrzeuge gewöhnt, und noch länger, bis sie sich die Sympathie des Publikums werden erworben haben. Es liegt in ihnen und denen, die sie lenken, eine gewisse Rücksichtslosigkeit, ein Sichhinwegsetzen über alles, was ihnen im Wege steht, Menschen und Tiere, Polizei und bürgerliche Ordnung.»

412/413 Automobilrennen Paris–Wien 1902. In der Hardau war eine Automobilstation eingerichtet, wo die Automobilisten die Maschinen und sich selber restaurierten.

Kauf und Lauf

Handel und Wandel oder «Kauf und Lauf», wie man früher sagte, waren zur Zeit der ersten Eingemeindung von 1893 weit weniger hektisch als heute. Was die allgemeine Gesundheit untergrub, war die lange Arbeitszeit. In den Fabriken wurde 11 Stunden gearbeitet, auch samstags. Als man der Post vorschlug, am Sonntagnachmittag ihre Büros zu schliessen und am Sonntagvormittag die dreimalige Postzustellung einzuschränken, weigerte sie sich. Es war die Angst vor der Arbeitslosigkeit, die den Leuten eine so grosse Arbeitsdisziplin auferlegte. 1894 lancierte die Sozialistische Partei eine Initiative «Recht auf Arbeit», die allerdings verworfen wurde. Die Zürcher Stadtverwaltung führte als erste einen Minimallohn ein. Bis 1893 galt in der ganzen Schweiz die Berner Zeit, die hinter der mitteleuropäischen eine halbe Stunde nachhinkte. Im Dezember beschloss der Bundesrat, vom 1. Juni 1894 an die Uhren der Post, Eisenbahnen, Telegrafen und Dampfschiffe den Nachbarländern anzupassen. In Zürich wurde damals allen Ernstes diskutiert, ob auch der tägliche Verkehrs-, Geschäfts- und Arbeitsbeginn vorverschoben oder das bürgerliche Leben bei der guten alten Zeit verbleiben soll.

414 Ein Sonntagsspaziergang an den See war oft das einzige Vergnügen und die schönste Erholung, die sich eine Familie leisten konnte. Eine Freizeitmode gab es noch nicht. Bei der Männerwelt herrschte eine gewisse Strenge und Steifheit, man trug lange, schwarze Röcke, einen steifen Hut und einen steifen weissen Kragen. Die Frauen litten im Zeichen der Wespentaille, die Ärmel reichten bis zum Handgelenk, auf kunstvoll hochgebauten Frisuren balancierten Wunderwerke von Hüten. «Der Rock lässt auch nicht die Spitze eines Füsschens ahnen, sondern schleift hinten nach, und der Lebemann muss schon regnerisches Wetter abwarten, wenn er einen Knöchel erspähen will.» Aufnahme am Bürkliplatz.

415 Gegen Trunksucht und Sittenzerfall. Am 17. Dezember 1894 eröffnete der «Frauenverein für Mässigkeit und Volkswohl» im «Kleinen Martahof» an der Stadelhoferstrasse eine Kaffeestube. Den Gründerinnen war klar, dass mit Klagen und Jammern über das Alkoholelend nichts getan war, wenn nicht zugleich saubere, behagliche Gaststätten ohne Alkoholzwang zur Verfügung standen. Anfangs wagte man noch nicht, die Abstinenz zu propagieren, doch schon beim nächsten, im November 1895 eröffneten Lokal in der Gemeindestube Hottingen hängte man die Tafel «Alkoholfreie Speisewirtschaft» hinaus. In kurzen Abständen erfolgten nun Eröffnungen an der Rosengasse, an der Langstrasse, an der Zähringer- und an der Seefeldstrasse. 1898 wurde «Karl der Grosse» beim Grossmünster eröffnet, dann das Volks- und Kurhaus auf dem Zürichberg und der «Blaue Seidenhof» an der Seidengasse. Zum 10-Jahr-Jubiläum siedelte man vom «Martahof» in den beim Bahnhof Stadelhofen gelegenen «Olivenbaum» über, wo zur 15. Wiederkehr des Gründungstages dieses Bild geknipst wurde. Die jüngeren Damen vom Vorstand mit Schinkenärmeln und Tortenhüten markieren die Gästeschar, vom Photographen Meiner auf der photogenen Seite der Tische placiert und recht wirksam arrangiert.

416 Carl Julius Schmidt, einer der ersten Automobilisten, überwacht im Jahre 1899 an seinem Serpollet-Dampfwagen das Nachfüllen von Wasser.

417 Der deutsche Reporter Theodor Stephan brachte nicht nur einen der ersten Strohhüte im Stil «Canotier» nach Zürich. Er war der erste Reporter, der Zürichs schönste Flanierstrasse, die Bahnhofstrasse, für ausländische Zeitungen knipste. Aufnahme 1896.

418 Auf zur Gautsch! Damals wie heute wird ein Druckereilehrling zum Abschluss seiner Lehrlingszeit gepackt und in einen Brunnen getaucht. Aufnahme an der Augustinergasse am 3. August 1896. Die Haustüre im Hintergrund ist heute der Eingang zur städtischen Kunstgalerie zum Strauhof.

419 Damals wie heute: Milchwarengeschäft Hebeisen am Rennweg 36. Aufnahme: 25. Juni 1900.

420 Colonialwarenladen im stillgelegten und teilweise bereits abgebrochenen Giesshaus von Escher Wyss an der Stampfenbachstrasse 17. Aufnahme: 10. September 1901.

Bewegte Tage

Tief im Frieden fühlte man sich im Zürich der Jahrhundertwende. Zwar war das Kriegselend von 1870/71, das man nur am Rande erlebt hatte, noch in deutlicher Erinnerung, als aber der deutsche Kaiser Wilhelm II. im September 1912 Zürich und die schweizerischen Herbstmanöver in der Ostschweiz besuchte, ahnte niemand, dass damit der Erste Weltkrieg bereits seine Schatten vorauswarf. Was die Zürcher in jenen Jahren bewegte, war die Arbeiterfrage, die nach der Eingemeindung Aussersihls 1893 begann und für die Arbeiter bessere wirtschaftliche Verhältnisse und einen angemessenen Anteil an Ratssitzen forderte.

421 *Vom 1. bis 3. Februar 1871 drangen im Jura die Trümmer der hungernden, frierenden und völlig demoralisierten französischen Ostarmee in die Schweiz. Ihr General, Charles Denis Bourbaki, hatte am 26. Januar einen Selbstmordversuch unternommen. Am 4. Februar erreichte ein grosser Interniertenzug Zürich. Gegen 4000 Mann wurden in der Stadt untergebracht, in den Zeughäusern, in den Militärstallungen und in der Predigerkirche. Damit nicht auch das Grossmünster in Anspruch genommen werden musste, stellten die Herren Escher vom Felsenhof ihr neues Zwirnereigebäude am Unteren Mühlesteg zur Verfügung. Bild: Französische Internierte der Bourbaki-Armee auf dem Unteren Mühlesteg.*

422 *Kaiser Wilhelm II. besucht am 6. September 1912 das Schweizerische Landesmuseum. Neben ihm Stadtpräsident Billeter.*

423 *Kaiser Wilhelm II. – in seiner Gardeschützenuniform sah er wie ein Schweizer Oberst aus – nach seiner Ankunft am 3. September 1912 auf dem beflaggten Bahnhofplatz. Neben ihm, mit Zylinder, Bundespräsident Forrer. Einem wiederholt geäusserten Wunsch des Kaisers, einmal den Manövern der schweizerischen Milizarmee beiwohnen zu können, war der Bundesrat durch eine förmliche Einladung entgegengekommen.*

424 *Generalstreik 1912. Im Kampf um ein «sozialistisches Zürich» wurde die Stadt zum Schauplatz verschiedener Streiks. Ausgelöst wurde der Generalstreik 1912 durch eine Arbeitsniederlegung der Malergewerkschaft, wobei ein arbeitswilliger Malergeselle, der mehrmals misshandelt worden war, am Sihlquai einen ihn hartnäckig verfolgenden Streiker erschoss und vor Gericht freigesprochen wurde. Eine treibende Kraft war der deutsche Arbeiterjugendführer Willi Münzenberg, der 1910 nach Zürich gekommen war. Auf unserem Bild rechts im Vordergrund mit Fahrrad.*

425 *Am 15. Juli 1906 brach an der Stadtgrenze, in der Automobilfabrik Arbenz in Albisrieden, ein Streik aus, weil der Dreher Züger, der Anstiftung zur Sabotage beschuldigt, entlassen worden war. Bild: Zum Schutze der Arbeitswilligen wurde Militär aufgeboten. Korporal Jacques Schmid von Altstetten, später Nationalrat, der sich weigerte, gegen seine Schulkollegen das Gewehr zu tragen, wurde später vor Kriegsgericht gestellt.*

426 *Nordostbahnstreik 1897. Hauptaktionär der Bahn war der Zürcher Industrielle Guyer-Zeller, der von den Bahnarbeitern absoluten Gehorsam verlangte. Dies führte zu Differenzen mit der Eisenbahnergewerkschaft. Am 11. März 1897 wurde im alten Schützenhaus beim Bahnhof der Streik beschlossen. Am folgenden Tag kamen die «Deputierten des Bundesrates», die Bundesräte Zemp und Müller, nach Zürich, um mit Arbeiterführer Greulich den Frieden auszuhandeln. Dieser Streik gab den Anstoss zur Verstaatlichung der Schweizer Bahnen. Bild: Das Bahnpersonal erwartet am 12. März 1897 den Zug mit den Deputierten des Bundesrates.*

Weltkrieg 1914–18

Der Ausbruch des Ersten Weltkrieges am 1. August 1914 traf die Schweiz völlig unvorbereitet. Die Schulhäuser der Stadt wurden mit Truppen belegt. Um die Ernährung aller Bevölkerungskreise zu sichern, mussten militärische Massnahmen angeordnet werden. Zürich wurde bald das Zentrum von Spekulanten, Spionen und Agitatoren. Als im November 1918, im letzten Kriegsmonat, die spanische Grippe ausbrach, fehlte der Bevölkerung die natürliche Widerstandskraft. In Zürich wurden 200 000 Kranke und 900 Todesfälle gezählt. Theateraufführungen, Gottesdienste und Grabgeleite wurden untersagt und die Schule eingestellt.

427 *Die Fleischverteilung wird vom Militär besorgt.*

428 *Da die Schulhäuser von Truppen belegt sind, hält ein Lehrer aus dem Kreis 5 in einem leerstehenden Wagen der Ütlibergbahn Unterricht. Diese Aufnahme vom August 1914 wurde später in französischen Zeitungen als Kriegspropaganda gegen Deutschland verwendet mit der Bemerkung, die «Barbaren» jenseits des Rheins besässen für ihre Kinder nicht einmal genügend Schulhäuser.*

429 *Abgabe von verbilligten Kartoffeln an Minderbemittelte bei der Uraniabrücke. Aufnahme 1917.*

430 *Abfahrt der Truppen zum Grenzschutz im August 1914.*

431 *Verkauf der ersten Kriegs-Illustrierten am Paradeplatz.*

Am 9. November 1918 brach im geschlagenen Deutschland die Revolution aus. Ohne Zustimmung des Kaisers verkündete der Reichskanzler die Abdankung Wilhelms II. Auch in der Schweiz kam es zu einer revolutionären Bewegung. Der geschäftsführende Ausschuss der Sozialdemokraten, das «Oltner Aktionskomitee», richtete an den Bundesrat ein Ultimatum, das die Neuwahl des Nationalrates nach dem Proporz, die Einführung der 48-Stunden-Woche, das Frauenstimmrecht, die Schaffung eines Volksheeres, eine allgemeine Arbeitspflicht, ein Staatsmonopol für Import und Export und die Tilgung der Staatsschulden durch die Besitzenden forderte. Am 12. November verwandelte das Komitee den Warnstreik in einen unbefristeten Landesstreik. Agitationszentrum der revolutionären Kräfte war Zürich, da das Oltner Komitee hier über die stärkste Anhängerschaft verfügte. Die vier aufgebotenen Infanterieregimenter und vier Kavalleriebrigaden vermochten jedoch mit Hilfe der Zivilbevölkerung die öffentliche Ordnung aufrechtzuerhalten. Nach drei Tagen wurde der Generalstreik abgebrochen. «Die Arbeiterschaft hätte über gleichwertige Waffen verfügen müssen, wie das verbrecherisch auf sie gehetzte Heer. ... Die Arbeiterschaft erlag der Macht der Bajonette, aber sie ist nicht besiegt. ... Es lebe der Klassenkampf!» schrieb das Oltner Aktionskomitee am 14. November. Die Sowjetmission wurde des Landes verwiesen. Die stark besetzte russische Gesandtschaft in Bern war ein Zentrum der europäischen bolschewistischen Agitation gewesen. Die Hauptakteure des Oltner Komitees, unter ihnen der spätere Bundesrat Ernst Nobs, erhielten Gefängnisstrafen von 4 Wochen bis 6 Monaten. Es entsprach schweizerischem politischem Denken, dass man die Forderung der Sozialdemokratie auch nach ihrer Niederlage ernst nahm. Schon im Oktober 1919 wurde das Proporzwahlsystem für den Nationalrat angenommen. In den folgenden Jahren spaltete sich die Arbeiterbewegung in Sozialisten und die sich der von Moskau aus gelenkten Dritten Internationale anschliessenden Kommunisten.

432 *Kavallerie am Alpenquai vor dem Weissen Schloss. Ländliche Kavallerieabteilungen aus der Innerschweiz und der Ostschweiz galten als regierungstreu und immun gegen linke Einflüsse. Das Erscheinen Berittener in den Strassen Zürichs war eine bewusste Machtdemonstration, die ihre Wirkung nicht verfehlte.*

433 *Proteststreik vom 9. November 1918. Truppen halten die Zugänge zum Paradeplatz und zum Bankenviertel besetzt.*

Bildquellen und Literaturnachweis

Die hier zum Teil erstmals veröffentlichten Bilder stammen aus dem Baugeschichtlichen Archiv der Stadt Zürich, aus der Graphischen Sammlung der Zentralbibliothek Zürich, aus dem Archiv der «Neuen Zürcher Zeitung» und aus der Sammlung von Walter Baumann. Wo ein Bild aussagekräftig schien, wurde gelegentlich über die zeitlichen Limiten von 1870 und 1914 hinausgegangen, vor allem in den einstigen Vorortsquartieren. Bei der Beschaffung und Betextung von Bildern waren die Mitarbeiter des Baugeschichtlichen Archivs, vor allem Herr H. Steinmann, in entgegenkommender Weise behilflich; ihnen sei an dieser Stelle für ihre Mühe gedankt. Dank gebührt auch Herrn Dr. Miroslav Tucek vom Sozialarchiv Zürich für die grosszügige Überlassung gedruckter und handschriftlicher Dokumente zum Zürcher Generalstreik von 1912.

Als hauptsächliche Literatur wurde verwendet:
Samuel Zurlinden, Zürich 1814–1914. Zwei Bände. Zürich 1914/15.
Karl Dändliker, Geschichte der Stadt und des Kantons Zürich. Dritter Band: Von 1712 bis zur Gegenwart. 1839–1892 als Schluss des Dritten Bandes verfasst von Walter Wettstein. Zürich 1912.
Anton Largiadèr, Geschichte des Kantons Zürich. Zürich 1946.
Geschichte der Zürcher Stadtvereinigung von 1893. Ein Rückblick anlässlich des 25jährigen Jubiläums. Im Auftrag des Stadtrates herausgegeben von der Stadtkanzlei. Zürich 1919.
E. Böschenstein, Alt- und Neu-Zürich. Gedenkschrift zur Stadtvereinigung von 1893. Zürich 1892.
Hans Schmid, Ulrich Meister. Ein Zürcher Politiker 1838–1917. Zürich 1925.
Eduard Weckerle, Herman Greulich. Ein Sohn des Volkes. Zürich 1947.
Aus der Geschichte der Zürcher Arbeiterbewegung. Denkschrift zum 50jährigen Jubiläum des «Volksrecht» 1898–1948. Redigiert von Friedrich Heeb. Zürich 1948.
Willi Münzenberg, Die dritte Front. Berlin 1929.
Fritz Brupbacher, 60 Jahre Ketzer. Zürich 1935.
Friedrich Galler und S. Bill-Waldkirch, Festschrift der Gemeinde Aussersihl 1787–1937. Zürich 1937.

Zeitungen und Zeitschriften:
Neue Zürcher Zeitung, Zürcher Wochen-Chronik, Züricher Post, Volksrecht, Tages-Anzeiger, Tagblatt der Stadt Zürich.

Register

Zusammengestellt von Barbara E. Walthard

Die Zahlen beziehen sich auf die Erwähnung des entsprechenden Objektes im Textteil.

ACKERSTRASSE	194
Aegerten	195, 196
Aemtlerstrasse	196
Affoltern	202, 203
Aktien-Theater	6, 181, 206
Albisgütli	201
Albisstrasse	196, 201
Allmend	202
Alpenquai	178, 181, 182, 209, 211, 214
Altstetten	197, 213
Altstadt	6, 8, 132, 133, 173, 175
Amtshäuser	140, 173, 187, 204
Anarchisten	11, 139
Angst, Heinrich	208
Annagasse, -St. Annahof	186
Antoniuskirche	198
Arbeiterviertel	9, 11
Asper, Adolf	170
Augustinerbrücklein	182
Augustinergasse, -tor	186, 212
Augustinerkirche	7, 207
Aussersihl	6, 9, 10, 133, 139, 188, 191, 193, 195, 203, 204, 207, 213
Austrasse	196
BADEANSTALT Bauschänzli	205
Bürkliplatz	211
Mühlesteg	7
Belvoir	211
Riesbach	178
Utoquai	205
Baden	133, 193, 203
Badenerstrasse	185, 188, 195, 197, 209, 211
Bärengasse	187
Bahnhofbrücke	6, 171, 172
Bahnhofplatz	6, 170, 187, 213
Bahnhofquai	171, 172
Bahnhofstrasse	6, 8, 132, 140, 170, 174, 177, 178, 182, 183–185, 186, 187, 205, 209, 212
Balgrist	199
Barfüsserkirche	181, 206
Basteiplatz	209
Baugarten, -hügel	176, 182
Bauperiode, grosse	7, 8, 99, 176, 177
Bauschänzli	132, 175, 177, 185, 210, 211
Beckenhofstrasse	192
Bederstrasse	200
Bebel, August	139, 188
Beethovenstrasse	200
Bellevue	8, 132, 177–180, 197, 198
Bergstrasse	198
Bischoff, Robert	179
Birmensdorferstrasse	195,196
Bissegger, Walter	138
Bläsihof	202
Bleicherweg	183, 201, 204
Böcklin, Arnold	197, 208
Börse	132, 178, 183, 185
Börsenstrasse	175, 177, 182, 185
Botanischer Garten	6, 7
Bourbaki-Armee	132, 206, 213
Brandschenkestrasse	200, 201
Brahms, Johannes	185, 188
Breitingerstrasse	200
Rudolf Brun-Brücke	173
Brücke, untere, obere	175, 176
Brüggli, gedecktes	139, 171, 172, 174
Brunnenturm	188
Brupbacher, Fritz	136, 142
Bürkli, Arnold	8, 132, 176, 177, 178, 204
Bürkli, David	209
Bürkli, Karl	139, 171
Bürkliplatz	6, 176, 177, 209, 211, 212
Bürgliterrasse	178, 200, 201
Bundesrat	208, 214
Burghölzli, -hügel, -Heilanstalt	199, 200, 206
Burgwies	197, 199
CAFE Frieden	177
Huguenin	186
Nord, Du	170, 173
Odeon	178–180
Ost	181
Capitol	190, 191
Chamhaus	190
Choleraepidemie	7
Central	172, 173, 190
Central-Theater	190
Corso, Variété-Theater	179, 209
Centralhof	6
Curti, Theodor	138
DEMOKRATEN	138, 139
Denzlerhäuser	180
Döltschihof	197
Dolder, -bahn	178, 180, 198
Drahtschmidli	191
Dreikönigstrasse	205
Dübendorf	140, 210
Dufourplatz, -strasse	200, 206
EINTRACHT	188
Eisenbahnbau	8, 12
Enge	132–136, 178, 200, 209, 211
Escher, Alfred	8, 136, 170, 183, 184, 187, 197, 203
Escherhäuser	197
Escher, Hans-Kaspar	175
Escher-Wyss, Maschinenfabrik	171, 177, 190, 191
Escher·Wyss, -platz	8, 132, 191–194, 212
FALKENSTRASSE	200
Feldeggstrasse	200
Friedhof St. Jakob	195
im Riedtli	191
Zentralfriedhof	188, 196
Fierz-Landis, Karl	178, 197
Fleischhalle	7, 132, 173, 175, 191
Florastrasse	200
Florhof	199
Fluntern	133–135, 179, 192, 198, 199
Forrer, Ludwig	138, 210, 213
Forchbahn, -bus	199
Forchstrasse	198–200
Franklinstrasse	202
Frauenklinik	192
Frauenverein	11
Fraumünsterkirche	175, 176, 179, 181, 207
Fraumünsterpost	7, 175–177, 184
Fraumünsterstrasse	176, 205, 207
Freieckgasse	180
Freiestrasse	199
Freimaurerloge	7
Freisinnige	138, 139
Friesenbergstrasse	196
Fröschengraben	132, 182, 183, 186, 187, 200
GABLERschulhaus	7, 200
Ganz, Johann Emil	8
Gasbeleuchtung	12
Gasthaus zum Pfauen	180
Gasthof zur Blume	195
zum Falken	196
Hirschen	201, 203
zur Linde	192
zum Ochsen	198
zum roten Schwert	174
Gaswerk	140
Gastwirtschaft blaue Ente	197
Geiser, Karl	191
Gemüsebrücke	6, 174, 175
General-Guisan-Quai	178
Generalstreik	140, 144, 213, 214
Gessnerallee	205
Giesshübel, -strasse	196
Globus	171, 172
Gloriastrasse	198, 199
Goethe, J. W. von	174
Goldbrunnenstrasse	196
Gordon-Bennett-Wettfliegen	140, 210, 211
Gotthardbahn	8, 11, 205, 207
Gotthardstrasse	200
Greulich, Hermann	132, 139, 142, 213
Grieder, Seidenhaus	183, 185
Grimm, Robert	188
Grimmenturm	188
Grossmünsterkirche	7, 175, 197, 199, 212, 213
Grütlianer	36, 138, 171
Guyer-Zeller, Adolf	183, 185, 213
HALDENEGG	172
Hardplatz	171, 195
Hardau	209
Hardstrasse	193, 194
Hardturm	194
Hauptbahnhof	6, 8, 120, 140, 170–174, 178, 182–184, 194, 200, 204, 205
Hauptwache	7, 172, 175, 191
Haus zum roten Ackerstein	193
zur Arch	187
zum Brotkorb	173
zum Brunnen	183
Kaspar-Escher	191
zum oberen Froschauer	190
zum Graben	186
zum Grabengarten	182, 186
zum Grabenhof	186
zum Granatapfel	176
zum Kamel, roten	189
zur Krone	192
zum Lindenhof	181
zum Mühlestein	186
zum Pelikan, kleinen	188
zum Pelikan, mittleren	188
zum Predigerhof	190
zum Rennweg	187
zum Ring, goldenen	176
Schanzenhof	187
Seidenhof, blauer	212
Seidenhof, grüner	184
Sprüngli	182, 183, 184
auf dem Stock	201
zu den drei Tannen	201
zur Trülle	186
Wollhof	173
Hechtplatz	175
Hegibach, -strasse, -platz	198, 199
Heimatwerk	172, 173
Heimatstrasse, -platz	180, 181
Helmhaus	188, 195, 200
Hevetiaplatz	142, 195
Henneberg, Gustav	7, 181, 208, 209
Henneberg, Palais	178, 183, 185
Hirschenplatz	189
Hirschengraben	7, 140, 176, 180, 188, 189, 190, 197
Hirslanden	133–135, 198, 199
Hodler, Ferdinand	10, 208
Holzschanze	177, 181
Honegger, Musiker	176
Höngg, -erberg	193, 197
Hönggerstrasse	193
Hornbach	186, 205
Hotel Baur au lac	177, 183, 206
Baur en ville	7, 176, 182, 183, 184
Bellerive	178, 179
Bellevue	177, 178
Central	172
Dolder, Grand	187
Glockenhof	187
Gotthard	210
Habis Royal	6, 132, 170
National	6, 7, 170, 187
Romer	187
Uetliberg	197
Victoria, Grand	132, 170, 187
Waldhaus Dolder	180, 198
Hottingen	11, 132–135, 180, 181, 197, 198, 212
Hürlimann-Egli, Heinrich	180
Hüsli, grünes	139, 171
INDUSTRIEQUARTIER	9, 10, 133, 193, 194
Italienerkrawall	195
ST. JAKOBSKIRCHE	188, 195, 196
Juno-Brunnen	182, 185
KÄFERBERG	193
Kalkbreitestrasse	196
Kantonsspital	7, 192, 199
Kantonalbank, zür.	7, 183
Kanzleistrasse	195
Kappelergasse	172, 205, 207
Kappelerhof, -kloster	132, 176, 182, 183
Kartoffelmarkt	132, 180
Kaserne, -strasse	6, 7, 132, 134, 195
Katzensee	203
Kehrichtverbrennungsanlage	193, 194
Kehlhof	196, 203
Keller, Gottfried	11, 138, 178, 183, 190, 197, 207, 208
Keller, Johann Jakob	183
Ketzerturm	6, 132, 171, 189, 190
Kilchbergstrasse	201
Kirchgasse	180, 185, 190
Kloakenreformation	7, 178
Klosbachstrasse	198
Klus	198, 199
Knabenschiessen	12, 144, 209
Koller, Rudolf	11, 208
Kommunisten	10, 139, 214
Konservative	138, 139
Kornhaus	175, 176, 178, 179, 206
Kratzquartier, -häuser	6, 132, 175, 176, 183, 209
Krautgartengasse	180
Kreuzkirche	198
Kreuzplatz	178, 197–199
Kronenhalle	180
Kunstgewerbeschule	194, 204
Kunsthaus	6, 10
LANDESAUSSTELLUNG 1883	9, 11, 172, 178, 191, 205, 207, 208
Landesmuseum	7, 10, 140, 171, 172, 189, 205, 208, 213
Landolt, Conrad	185

215

Langstrasse	*193–195, 212*
Lavater, J. C.	*196*
Lavaterstrasse	*200*
Leimbach	*202*
Lenin	*144, 188*
Leonhardsgasse, St.	*191*
Leonhardsplatz	*172, 188*
Letten	*191–193*
Leuenhof	*186*
Liebfrauenkirche	*7, 190*
Limmat	*6, 7, 8, 133, 172–174, 177, 192, 204, 205, 209*
Limmat-Athen	*8, 205*
Limmatstrasse	*194*
Limmattal, -strasse	*193, 197, 202*
Limmatquai	*8, 132, 172, 173, 188, 191, 205, 210*
Lindenhof	*6, 140, 187, 204*
Lindenhofstrasse	*204*
Lindentor	*180, 190*
Löwenplatz, -strasse	*187*
Lutherstrasse	*195*
MAGAZINHOF	*176*
Maneggplatz	*209*
Manesse, Familie	*190*
Manesseplatz	*196*
Marktgasse	*174–176, 183*
Markwart, Clara	*181*
Marthahof, kleiner	*212*
Meiershof	*176*
Meili, Friedrich	*209*
Metropol	*177, 185, 205*
Meyer, Adolf	*208*
Meyer, Conrad Ferdinand	*11, 181, 186, 208*
Meyer, Franz, Dr.	*175, 176*
Milchbuck	*191, 202*
Mittelleimbach	*202*
Morgental	*201*
Moritz-Kapelle, St.	*191, 192*
Mühlebachstrasse	*200*
Mühlegasse	*140, 173, 190*
Mühlesteg, oberer, unterer	*12, 172, 173, 205, 211, 213*
Münsterbrücke	*175, 206*
Münsterhof	*176*
Münzenberg, Willi	*142, 213*
Münzplatz	*186*
Museumsgesellschaft	*132*
Musikfest, Eidgen. 1867	*206*
Mythenstrasse	*200*
NABHOLZ, H. jun.	*209*
Napfgasse	*188, 189*
Natter, Heinrich	*209*
Negrelli, Aloys	*175, 177*
Neubühl	*201*
Neuenhof	*183*
Neumarkt, -tor	*142, 188*
Neumühle, -quai	*132, 171, 190, 191*
Neumünsterkirche	*198, 200*
Niederdorfstrasse	*132, 173, 189, 204, 206*
Niederdorftor, -pforte	*172, 186, 188, 190, 191*
Nobs, Ernst	*214*
Nordostbahn	*140, 204, 213*
Nordstrasse, -brücke	*191, 192, 193*
Nötzli, Jean	*181, 206*
OBERDORFSTRASSE	*180*
Oberleimbach	*202*
Oberstrass	*133–135, 173, 179, 192, 199*
Oerlikon	*9, 202, 209*
Oerlikon, Maschinenfabrik	*178, 198, 202*
Oerlikoner Tram	*190, 191, 192, 202*
Oltener Aktionskomitee	*219*
Opernhaus	*10, 177*
Oetenbach	*173, 174, 186, 204*
Oetenbachhügel	*170, 171, 173, 174, 186, 204*
Oetenbachgasse	*186, 187, 204, 205*
Ottikerstrasse	*192'*
PANOPTIKUM	*12, 171, 172*
Paradeplatz	*6, 132, 176, 182–184, 187, 195, 200, 213, 214*
Paradies, -bollwerk, -mühle	*190, 191*
Papierwerd-Insel	*171*
Pelikan, -häuser, -strasse	*187, 188*
Pestalozzi, Hans	*209*
Pestalozzianum	*173*
Peter und Paul St.-Kirche	*6, 207*
Peterkirche St.	*133, 178, 183, 184, 196*
Peterstrasse St.	*184, 186, 187*
Pfauen	*132, 178, 180, 181, 197*
Pfauentheater	*181, 190*
Pfrundhaus	*195*
Platten, Fritz	*188*
Plattenstrasse	*199*
Platzspitz	*144, 171, 178, 207, 208*
Polytechnikum	*7, 8, 171, 190, 192, 199, 210*
Posthof	*184*
Poststrasse	*182, 184*
Predigerkirche, -kloster	*171, 190, 192, 206, 213*
Predigerspital, -platz	*6*
Predigerquartier	*190, 206*
Proletarierquartier	*139*
Promenade, hohe	*180, 197*
QUAIANLAGEN	*6, 7, 8*
Quaibrücke	*132, 175, 177, 178, 180*

RÄMISTRASSE, -post	*132, 178–181, 197, 207, 211*
Rathaus, -brücke	*175, 176*
Rech, Ernst	*210*
Regensbergstrasse	*202*
Rennweg	*6, 132, 186, 204, 212*
Rentenanstalt, schweiz.	*190, 209*
Restaurant Anker	*193*
zum Bahnhof	*197*
Bären	*202*
Bauernstube	*199*
Baugarten	*183*
Binzmühle	*202*
Blaueck	*194*
Bollerei	*210*
Concordia	*195*
Eintracht	*142*
zur alten Farb	*200*
zum Feldgarten	*200*
Freieck	*196*
Frohburg	*192*
Hardplatz	*195*
Helvetia	*195*
Karl der Grosse	*212*
Landolt	*185*
Löwen	*203*
Olivenbaum	*212*
Schmidstube	*191*
Schützenstube	*192*
Selnau	*201*
Sternen	*195*
Wasserrad	*194*
Wiedenberg	*194*
Riesbach	*9, 132–135, 178, 198, 199, 200*
Ringgerstrasse	*201*
Ringstrasse	*8*
Römerhof	*178, 180, 197*
Rordorf-Kraft, Salomon	*172*
Rosengarten, -strasse	*193*
Rosengasse	*172, 212*
Röslistrasse	*191*
Rösslitram	*10, 133, 178, 205, 206*
SÄNGERFEST, Eidgen. 1880	*170*
Sängerfest, Eidgen. 1905	*207, 209, 210*
Schaffhauserstrasse	*191, 202*
Schaffhauserplatz	*172*
Schanzengraben	*132, 173, 174, 183, 187, 204*
Schauspielhaus	*185*
Schifflände	*8, 177*
Schlieren	*193, 201, 211*
Schloss, rotes	*7, 178, 181, 182, 208*
Schloss, weisses	*7, 178, 181, 182, 208*
Schimmelstrasse	*195, 196*
Schipfe	*140, 173*
Schmelzbergstrasse	*192, 199*
Schmid-Kerez, Emil	*184, 208*
Schmidt, Carl Julius	*212*
Schmiedebrunnen	*196*
Schönenhof	*186*
Schulhausstrasse	*196*
Schulstrasse	*192, 202*
Schützenfest, Eidgen. 1907	*209*
Schwamendingen	*202, 203, 211*
Schwarzenbach-Zeuner, Robert	*183, 185*
Sechseläuten	*9, 144, 205, 209*
Sechseläutenplatz	*132, 176, 177, 179, 206*
Seebach	*202*
Seebahnstrasse	*195, 196*
Seefeld, -strasse	*170, 199, 200, 211, 212*
Seegfrörni	*11, 211*
Seequai	*7, 200*
Seidel, Robert	*206*
Seidengasse	*212*
Seidenwebschule	*192*
Seilergraben	*171, 188, 189, 190*
Selnaubrücke	*132, 204, 205*
Semper, Gottfried	*7, 183, 190, 197*
Sihlbrücke	*132, 188, 195, 206*
Sihlhölzli, -brücke	*171, 174, 196, 209*
Sihlfeld	*188*
Sihl, -kanal	*6, 132, 136, 170–174, 191, 204*
Sihlstrasse	*187, 196*
Sihlporte	*174, 205*
Sonneggstrasse	*192*
Sozialdemokraten	*136, 138–140, 142, 214*
Sozialdemokratie	*10, 142, 214*
Sozialistische Partei	*10, 139, 212*
Spanischbrötlibahn	*133, 197, 203*
Speck, Jean	*171, 172*
Spelterini, Eduard	*12, 140, 210*
Spiegelgasse	*188*
Spitalgasse	*190*
Spital zum heiligen Geist	*190, 206*
Spitteler, Carl	*181*
Sprüngli, Rudolf	*183*
Spyri, Johanna	*11, 175, 176, 197*
Stadelhofen, -strasse, -bahnhof	*212*
Stadtbefestigung	*132, 134. 171*
Stadthaus	*6, 132, 175–178, 205, 207, 210*
Stadthausquai	*175, 189*
Stadtkasino	*176, 181*
Stadttheater	*179, 181, 210, 211*
Stampfenbachstrasse, -platz	*172, 190–192, 212*
Stauffacherbrücke	*195*

Steinfels, Seifenfabrik	*193*
Steinmühle	*187*
Steinmühleplatz	*174*
Steinwiesstrasse, -platz	*198*
Sternenstrasse	*200*
Sternwarte Urania	*173, 192*
Stockerstrasse	*200, 201*
Storchengasse	*200, 201*
Strassenbahn, zürcherische	*205, 206*
Streik	*11, 140, 171, 213*
Strickhof	*192*
Strohhof	*184, 212*
Stüssihof	*189*
TALACKER	*187, 205*
Tessinerplatz	*200*
Theater, -strasse	*7, 10, 11, 179*
Tiefenbrunnen, -bahnhof	*170, 199, 205, 200*
Tiefenhöfe	*183, 185*
Tiefenhoflinde	*182*
Tobler, Adolf, Dr.	*206*
Tonhalle	*7, 132, 133, 142, 176–182, 185, 206*
Tonhallegesellschaft	*179*
Tonhallekrawall	*10, 206*
Tonhalleplatz	*209, 210, 211*
Tonhallenstrasse	*179*
Torgasse	*178, 180*
Treichler, Johann Jakob	*139, 171*
Triemli, unteres	*197*
Trinkwasser, -versorgung	*204, 205*
Trümpleturm	*177*
Turnfest, Eidgen. 1903	*195, 209*
Typhus	*194, 204*
UEBERLANDSTRASSE	*203*
Uetliberg	*133, 135*
Uetlibergbahn	*196, 213*
Universität	*10, 140, 173, 192, 204, 206*
Unterleimbach	*202*
Usterhof	*179, 180*
Uraniastrasse	*173, 174, 187, 204, 205, 213*
Unterstrass, -kirche	*133–135, 172, 191, 192*
Utoquai	*178, 181*
Utostrasse, -brücke	*200, 201*
VENEDIGSTRASSE	*200*
Volkshaus	*195*
Vulkanstrasse	*197*
WAAGGASSE	*176, 185*
Waffenplatzstrasse	*200*
Wagner, Richard	*188, 197, 206*
Waid, -Krankenhaus	*193*
Waisenhausgasse	*170, 172, 173, 187, 174*
Walchebrücke, -strasse	*171, 172, 191*
Waldmann, Hans	*176, 180*
Wanner, Jacob Friedrich	*184, 204*
Wasserkirche	*172, 177, 209*
Wegmann-Ercolani, Johann Jacob	*188*
Wegmann, Villa	*184, 198*
Wehntalerstrasse	*203*
Weinbergstrasse	*172, 190–192*
Weinplatz	*176, 189*
Wellenberg, -turm	*172, 175*
Weltkrieg	*10, 144, 213*
Werdmühleplatz	*173, 174*
Werdstrasse	*195*
Wesendonck, Mathilde, Otto	*188, 206*
Westendstrasse	*196*
Wiedikon	*133–135, 139, 142, 195, 196*
Wilfriedstrasse	*198*
Wilhelm II.	*10, 11, 213, 214*
Windegg, Villa	*183, 185*
Winkelwiese	*180*
Winterthur	*133, 136, 192, 211*
Wipkingen	*133–135, 192, 193*
Witikonerstrasse	*197, 199*
Wirtschaft Römerhof	*198*
Wirtshaus zum Hegibach	*198, 199*
zur Platte	*198, 199*
zum Stock	*201*
Wolfbach	*132, 197*
Wölfflin, Heinrich	*176*
Wollishofen	*133–135, 184, 201*
ZAEHRINGERQUARTIER	*132, 190, 212*
Zäune, untere	*181, 206*
Zeltweg	*180, 181, 197, 207*
Zentralbibliothek	*190, 206*
Zentralhof	*132, 183, 205*
Zeppelin, Graf Ferdinand	*140, 210*
Zeughaus	*132, 176, 183, 184, 213*
Zollbrücke	*171, 194*
Zollikerstrasse	*198*
Zollinger-Billeter, Villa	*205*
Zürcherstrasse	*196*
Zürichsee	*6, 7, 11, 132, 133, 136, 144, 172–177, 204, 205, 211*
Zürichbergstrasse	*198, 199*
Zürichbergbahn	*7, 136, 172, 173, 179, 185, 199, 198, 203*
Zürichhorn	*181*
Zurlinden, S.	*173, 175, 183*
Zurlindenstrasse	*196*
Zwingli, Ulrich	*9, 175, 209*